MSC POESIA
PANAMA
MSC

Queen Mary 2

BORIS DÄNZER-KANTOF

KREUZFAHRT TRÄUME

Schiffe und Routen von einst bis jetzt

Aus dem Französischen von Regine Schmidt

KNESEBECK

Linke Seite
Passagiere einer von der P&O veranstalteten Kreuzfahrt ins Mittelmeer warten nach einem Landgang auf den Tender, der sie zu ihrem Dampfer zurückbringt. Foto aus einem privaten Album, 1930er-Jahre.

Rechts
Werbung für »Ferienreisen zur See« ins Mittelmeer und nach Afrika von einem Konsortium deutscher Reedereien, 1926/1927.

Seite 1
Obgleich Kreuzfahrten in den letzten 20 Jahren für ein breiteres Publikum erschwinglich geworden sind, pflegen einige Reedereien weiterhin das exklusive Image der Luxuskreuzfahrten von einst. Auf den Schiffen von Regent Seven Seas Cruises, einem Veranstalter von Kreuzfahrten der Spitzenklasse, kann der Service mit den besten Grandhotels mithalten.

Seiten 2–3
Die *MSC Poesia* der MSC Crociere (93 300 BRZ) im Golf von Neapel bei einer ihrer ersten Kreuzfahrten (Sommer 2008). Ihr Heimathafen war damals Venedig.

Seite 4
Die *Queen Mary 2*, hier vor Anker im Kreuzfahrtterminal von Brooklyn, New York, wurde im Dezember 2003 von der Werft Chantiers de l'Atlantique an Cunard übergeben. Seither ist sie in der Nachfolge der *Queen Elizabeth 2* als letzter planmäßig verkehrender Transatlantikliner von April bis Dezember zwischen Europa und Nordamerika unterwegs. Seit 2007 läuft sie jeden Winter zu einer Weltumrundung von Ost nach West aus und unternimmt besondere Kreuzfahrten (Australien, Südamerika, Britische Inseln …).

Seite 5
Offizier der Red Star Line an Deck der *Belgenland*, die von der American Express Company für ihre erste Kreuzfahrt um die Welt gechartert wurde. Die Reise dauerte 133 Tage, vom 4. Dezember 1924 bis zum 16. April 1925; dabei kamen auf 384 Passagiere 600 Besatzungsmitglieder.

Inhalt

RoyalCaribbean
INTERNATIONAL

P&O TOURIST CLASS

Gepäckanhänger der United Fruit Company von einer Karibikkreuzfahrt auf dem Kühlschiff *Peten* im Sommer 1936.

Vom exklusiven Reisen zum Luxus für jedermann

Ob sie nun das Nordkap, Sizilien, Mexiko, Martinique, Hawaii, Südafrika oder die Antarktis zum Ziel hat, ob sie drei Tage dauert, etwa von Fort Lauderdale nach Nassau, oder einen Monat dauert, wie eine Tour durch den Südpazifik ab San Francisco, oder ob man mehr als drei Monate unterwegs ist, wie bei einer Weltreise, ob sie auf einem großen Segelschiff mit 70 Kabinen stattfindet, einem Frachter mit rund hundert Plätzen oder aber auf einem Ozeanriesen mit 16 Decks und vier Swimmingpools, der für mehr als 6000 Passagiere 37 verschiedene Kabinenklassen bereithält – die Kreuzfahrt von heute ist eine vielfältige, bunte Welt, die so gut wie nichts mehr gemein hat mit den Seereisen vergangener Tage, außer dass sie immer noch mit Superlativen beschrieben wird. Diese Art des Reisens, die vor allem in Europa Jahr für Jahr immer mehr Anhänger findet, hat sich in der zweiten Hälfte des 19. Jahrhunderts aus bescheidenen Anfängen entwickelt.

Mit dem Aufschwung des Schienen- und Schiffsverkehrs ab 1840 trugen Eisenbahngesellschaften und Reedereien wesentlich dazu bei, dass Urlaubsreisen für immer mehr Menschen möglich wurden. Die europäische Handelsschifffahrt hatte bisher hauptsächlich Fracht, Post, Auswanderer und Passagiere befördert, die aus beruflichen oder familiären Gründen reisten. Nach dem Beispiel der »Trains de plaisir« (Vergnügungszüge), der von den Eisenbahngesellschaften veranstalteten mehrtägigen »All-inclusive-Fahrten«, begannen die Reedereien nun Vergnügungsreisen auf See zu organisieren. In vielen europäischen Sprachen setzte sich der Begriff »Kreuzfahrt« (*croisière, cruise, crociere, crucero …*) für zivile Reisen erst ab 1900 durch: Zuvor bezeichnete dieser Begriff Patrouillenfahrten von mittelgroßen Kriegsschiffen, den Kreuzern,

Vorhergehende Doppelseite
Schnittbild der *Oasis of the Seas* der Royal Caribbean International, die im Dezember 2009 in Dienst gestellt wurde. Man erkennt die ungeheure Vielfalt an Bordaktivitäten; etliche davon wurden hier zum ersten Mal auf einem Kreuzfahrtschiff angeboten.

Links
Erschwinglicher Komfort: Ausschnitt aus einem Plakat der P&O (1931), mit dem eine neue Zielgruppe, Touristen aus der bürgerlichen Mittelschicht, angesprochen werden soll.
(Collection Marc Walter)

»Tea time« an Deck der *Ceylon* auf einer Kreuzfahrt nach Norwegen. Zwischen 1883 und 1907 fuhr der Dampfer alljährlich zum Hardangerfjord.

die die Nachfolge der hölzernen Fregatten angetreten hatten. Aufklärung und Handelskrieg waren ihre Aufgaben. An den außergewöhnlichen neuen Reisen, den Vorläufern der modernen Kreuzfahrt, die zu besonderen Anlässen nach einer vorher festgelegten Route zu mehreren touristisch interessanten Zielen führten, konnte allerdings nur eine wirtschaftlich privilegierte Minderheit teilnehmen.

Wie alles begann

Eine der ersten organisierten Seereisen – die noch heute von der Peninsular and Oriental Steam Navigation Company (P&O) als erste Kreuzfahrt reklamiert wird – war die Exkursion ins Mittelmeer mit der *Iberia* im Jahr 1844. Dabei wurden Vigo, Porto, Lissabon, Cádiz, Gibraltar, Malta, Athen, Smyrna, Konstantinopel und Alexandria angelaufen, dazu gab es einen Ausflug nach Kairo. An Bord befanden sich rund 40 Teilnehmer, darunter der von der Reederei eingeladene prominente englische Schriftsteller William Makepeace Thackeray. 1846 veröffentlichte er unter dem Titel *Notes on a Journey from Cornhill to Grand Cairo* ein Erinnerungsbuch, in dem er jedem, der über genügend Zeit und Geld verfügte, riet, diese Erfahrung zu machen. Da zur Durchführung dieser Reise mehrere Schiffe (die *Lady Mary Wood*, *Tagus* und *Iberia*) erforderlich waren, kann man sie genau genommen nicht als Kreuzfahrt bezeichnen. Eine weitere Reise, die nur scheinbar eine Kreuzfahrt war, unternahm Mark Twain 1867 auf der *Quaker City* von New York ins Heilige Land. Diese erste organisierte touristische Interkontinentalreise bildet den roten Faden seines 1869 erschienenen Buchs *The Innocents Abroad (Die Arglosen im Ausland)*.

Dagegen macht eine Annonce, die Robert Miles Sloman im Januar 1845 in die *Leipziger Illustrirte Zeitung* setzte, bereits deutlich, in welche Richtung die Kreuzfahrt dann am Ende des 19. Jahrhunderts gehen würde. Wie Bernhard Huldermann berichtet, bot der Hamburger Reeder hier für den darauffolgenden Sommer eine »Reise um die Welt« auf einem seiner Schiffe an: »[…] Das Schiff wird keinerlei mercantilische Zwecke auf der Reise verfolgen, sondern soll in seiner ganzen Ausrüstung und Raumbenutzung, in Bestimmung der Aufenthaltszeit in den zu besuchenden Städten und Ländern, der Zeitbestimmungen der ganzen Reise, nur Rücksicht auf die Sicherheit, die Bequemlichkeit, die Unterhaltung und Belehrung der Reisenden genommen werden. Nur unbescholtene und gebildete (vorzugsweise wissenschaftlich gebildete) Personen können aufgenommen werden. Ein ausgezeichnetes Schiff, ein bewährter, belesener Capitain und eine erlesene Mannschaft, ein promovirter Arzt, bieten den Teilnehmern der Expedition jede mögliche Garantie einer angenehmen und glücklichen Reise. Das Passagegeld für die ganze Reise ist so niedrig gestellt, daß es nur geringer Zulage zu den gewöhnlichen Kosten der Existenz in größeren Städten bedarf, um in vielseitig gebildeter Gesellschaft, mit allem Lebenscomfort umgeben, die Wunder und Naturschönheiten der fernsten Gegenden, die Sitten so vieler verschiedener Völker kennen zu lernen, und bei, durch die Seeluft gestählter Gesundheit, sich zugleich einen für das ganze Leben unversiegbaren Schatz an Erfahrungen zu sammeln […]«

Das »Gesundheits«-Argument wurde in den 1880er-Jahren wieder aufgegriffen, und britische Ärzte priesen im *British Medical Journal* die Heilwirkung von Seereisen.

Was ist nun also eine Kreuzfahrt, wie kann man sie definieren? Für den Schifffahrtshistoriker Arnold Kludas handelt es sich um »eine zeitlich genau fixierte, mehrere Tage bis Monate dauernde Urlaubsreise auf einem eigens für diese Reise bereitgestellten Schiff nach mehreren im Voraus festgelegten und bis zu täglich wechselnden ausgesucht schönen und interessanten Orten, in denen ausreichend Zeit für individuelle oder organisierte Ausflüge vorgesehen ist.« Der Veranstalter, der »die Reise(n) detailliert und gründlich« ausarbeitet, »will

Der 1891 in Dienst gestellte Transatlantikdampfer *La Touraine* – damals das nach Tonnage größte französische und weltweit fünftgrößte Passagierschiff – ging 1894 auf die erste von der Transat veranstaltete Kreuzfahrt, eine Mittelmeerreise mit Abfahrt in New York. Titelseite einer Broschüre für den amerikanischen Markt mit dem Angebot einer Kreuzfahrt ins Mittelmeer, den Orient und das Heilige Land, 1896.

sie möglichst oft regelmäßig wiederholen. Das so entstehende Kreuzfahrtprogramm wird möglichen Interessenten durch geeignete Werbung so rechtzeitig angekündigt, dass diese die Reise planen und buchen können. […] Das Kreuzfahrtschiff dient während der gesamten Kreuzfahrt keinerlei anderen kommerziellen Zwecken. Es ist dem Kreuzfahrtpassagier gleichermaßen erstklassiges und komfortables Reisefahrzeug, Hotel, Restaurant, Konzerthaus, Theater, Liegeterrasse, Fitnesscenter und vieles andere.«

Gemäß dieser wohl etwas engen Definition erlebte die Kreuzfahrt zwischen 1880 und 1890 eine wahre Blüte. Folgt man dem deutschen Historiker, so fand die erste richtige Kreuzfahrt 1877 mit dem Küstendampfer *Wanaka* der British Union Steam Ship Company of New Zealand statt, der dabei die Küstengewässer nicht verließ. Das erste ausdrücklich zur Kreuzfahrt ausgerüstete Schiff war die *Ceylon* des Eigners John Clark, die seit 1858 als Liniendampfer für die P&O fuhr und 1881 zum Kreuzfahrtschiff umgebaut wurde. So konnte die P&O zum zweiten Mal die »Erfindung« der Kreuzfahrt für sich in Anspruch nehmen! Das erste zum alleinigen Zweck der Vergnügungsreise geplante Schiff war die 1887 gebaute *Saint Sunniva* der North of Scotland, Orkney & Shetland Steam Navigation Company, die wie eine Yacht aussah; 1908 wurde sie allerdings in eine Fähre umgewandelt.

1889 begann die britische Orient Steam Navigation Company zwei ihrer im Liniendienst London–Australien nicht mehr verwendbaren Dampfer, *Chimborazo* und *Garonne*, als Kreuzfahrtschiffe zu den Ostseehäfen, nach Norwegen und im Mittelmeer einzusetzen. Diese Reederei bot als Erste ein jährliches Kreuzfahrtprogramm an; zwischen 1889 und 1900 veranstaltete sie 95 »pleasure cruises«. Die französische Compagnie Générale Transatlantique brach bereits am 19. August 1883 mit dem Dreimast-Dampfer *Pereire* zu ihrer ersten Kreuzfahrt von Pauillac nach Biarritz und La Coruña auf. An Bord waren auch die beiden Firmengründer Isaac und Émile Pereire. Jedoch erst 1894 bot die Reederei regelmäßige Kreuzfahrten mit den Schiffen *La Touraine*, *Général Chanzy* und *La Gascogne* an.

Albert Ballin – Erfinder der Kreuzfahrt

Die ersten »Vergnügungsreisen« waren dies oft nur dem Namen nach: Der fehlende Komfort an Bord und an den besichtigten Orten machte die Reise eher zur Strapaze. Aber die Reeder – in erster Linie Albert Ballin, der junge Direktor der Hamburg-Amerikanischen Packetfahrt-Actien-Gesellschaft (Hapag), auch Hamburg-Amerika-Linie genannt – waren nun bestrebt, in weit höherem Maße, als dies zuvor auf Überseeschiffen üblich gewesen war, »die Reisenden von allen Unzuträglichkeiten zu befreien, die bisher als untrennbar von einer Seereise angesehen wurden, und ihnen dieselben Bequemlichkeiten zu sichern, wie sie nur ein erstklassiges Hotel zu bieten vermag«: geräumige Kabinen mit bequemen Kojen (auf Stockbetten wurde zunehmend verzichtet), »wirksame Ventilations-Vorrichtungen«, elektrisches Licht und eigene Badezimmer, unterschiedliche großzügig angelegte Gesellschaftsräume (Empfangshalle mit Aufzug, Speisesalon oder Restaurant, Salon, Musik-, Rauch- und Lesezimmer, Bibliothek, Damenzimmer, Sportgeräteraum …), »im reichsten Style ausgestattet« und häufig durch verglaste Wände erhellt, ein »mit einem festen Sonnendach versehenes Promenaden-Deck zum Aufenthalt im Freien«, eine Küche und Tischkultur, die es mit den besten Restaurants aufnehmen konnte, zahlreiches, aufmerksames Personal, interessante Anlaufhäfen, sorgfältig vorbereitete Landausflüge …

Am 22. Januar 1891 lief der Schnelldampfer *Augusta Victoria* der Hapag mit 241 Fahrgästen – man hatte noch nie so viele Teilnehmer bei einer solchen Reise gesehen – von Cuxhaven zu einer 57-tägigen Mittelmeerkreuzfahrt aus. Mit an Bord waren auch Albert Ballin und seine Gattin. Bei einem Besuch erklärte

Das Kreuzfahrtschiff *Blücher* der Hapag. Prospekt einer Norwegenkreuzfahrt.

Rechte Seite
Vom 6. bis zum 14. Juni 1913 organisierte die Hapag eine Norwegenkreuzfahrt auf der *Meteor* ab Hamburg. Einige Passagiere haben sich zu einem Erinnerungsfoto auf der Gangway versammelt. (Privatfoto)

Folgende Doppelseite
Eine der 120 Kabinen auf der *Prinzessin Victoria Luise* der Hapag. Das erste ausschließlich für Kreuzfahrten gebaute Schiff lief im Juni 1900 vom Stapel.

Wilhelm II.: »Sorgen Sie dafür, dass unsere Landsleute sich auf hoher See wohlfühlen, dann werden sowohl Ihr Unternehmen als auch die ganze Nation Nutzen daraus ziehen.«

Die Reise, die als erste moderne Kreuzfahrt gilt, umfasste ein Dutzend Anlaufziele und zahlreiche Landausflüge. Sie war bereits ein Jahr zuvor in Zusammenarbeit mit internationalen Reisebüros detailliert vorbereitet worden – misstrauisch beäugt von den meisten Abteilungsleitern der Reederei. Deren ehrgeiziger junger Direktor, Albert Ballin, freilich sah in der »Vergnügungsreise« weniger eine neue Art der Freizeitgestaltung als eine Lösung für ein wirtschaftliches Problem: Ihm ging es darum, die Flotte auch während der Wintermonate auszulasten, wenn wegen der schlechten Witterungsbedingungen im Nordatlantik kaum jemand eine Passage buchen wollte und die Dampfer im Heimathafen lagen. Kreuzfahrten waren eine Möglichkeit, das kostspielige Auflegen (die zeitweilige Außerbetriebnahme) eines Schiffes zu vermeiden.

Diese touristische Kreuzfahrt – unter den Passagieren befanden sich 49 Teilnehmer aus zehn Nationen – wurde bereits im darauffolgenden Jahr wiederholt, diesmal von New York aus, dann jedes Jahr, außer während des Ersten Weltkrieges. Ballins Erfolg veranlasste die anderen Reedereien, ähnliche Leistungen anzubieten. Für John Burns, den Präsidenten der Cunard Line, eines Konkurrenzunternehmens der Hapag, stand Albert Ballins Verdienst außer Zweifel. Er schrieb ihm 1897, zum 50. Geburtstag der Hapag, der an Bord der *Augusta Victoria* gefeiert wurde: »Ihre Reederei […] hat eine echte Kundenerwartung erfüllt; sie bietet eine äußerst luxuriöse und bestens ausgestattete Unterbringung, um überall auf der Welt interessante Ziele, antike Stätten wie neue Orte, zu besuchen, und macht solche Reisen, die bislang eine Quelle von Besorgnis und Unannehmlichkeiten waren, ebenso leicht wie eine alltägliche Zugfahrt.«

Ende des 19. Jahrhunderts, als immer mehr Menschen zu ihrem Vergnügen reisen konnten, etablierte sich die Kreuzfahrt als neuer Ort gesellschaftlicher Exklusivität, wo man ganz bewusst unter sich war. Den Mittelmeerkreuzfahrten folgten bald Reisen nach Norwegen und in die Arktis, die durch Kaiser Wilhelm II. populär wurden, dann ab 1896 in die Karibik und schließlich um die Welt. Während an Land Luxuszüge und Hotels mit internationalem Komfort entstanden, ließ Albert Ballin, der zahlreiche Hotelpaläste in Paris und London kannte, mit der *Prinzessin Victoria Luise* und der bescheideneren *Meteor* die beiden ersten ausschließlich für Kreuzfahrten bestimmten Passagierdampfer bauen. Beide waren wie luxuriöse Privatyachten ausgestattet. Allmählich bekam dadurch das Schiff als Verkehrsmittel einen anderen Status: Zunächst schlichtes Transportfahrzeug, wurde es nun zum festen Bestandteil einer gesellschaftlichen Veranstaltung: »Erstaunlich, wie schnell man Heimatgefühle für ein Schiff entwickelt«, meinte William T. Corlett, ein Arzt aus Cleveland, der 1908 auf der *Oceana* die karibischen Gewässer bereiste. Diesen Dampfer hatte die Hapag von der [britischen] Union-Castle Line gekauft und zum Kreuzfahrtschiff umgebaut.

Zu den beliebtesten Leistungen an Bord gehörte die Verpflegung. Wie auf den Überseedampfern war der Tag durch die zu festen Zeiten mit einem Trompetensignal angekündigten Mahlzeiten gegliedert. Der Schriftsteller Evelyn Waugh, der eine Mittelmeerkreuzfahrt an Bord der *Stella Polaris* unternahm, bestätigt, dass sich auch 1929 nichts daran geändert hatte: »Auf der *Stella* hatte man den Eindruck, dass ununterbrochen gegessen wurde. Kaum war das Frühstück beendet – zu dem außer den sonst üblichen Speisen so deftige Gerichte wie Gulasch oder Rindfleisch mit Zwiebeln serviert wurden –, da tauchten bereits Terrinen mit Kraftbrühe auf. Das Mittagessen fand um ein Uhr statt und glänzte vor allem durch sein kaltes Büfett, das unter skandinavischen Spezialitäten jeder Art fast zusammenbrach: geräucherter Lachs und Aal, Wildbret, gebackene Leber, kalter Braten und Fisch, verschiedene Wurstsorten, pochierte Eier in Sauce, Spargelsalat, und dies alles in

DAMPFBOOT II

Rechts
Bis Mitte des 20. Jahrhunderts beteiligten sich die Passagiere gutmütig an allen möglichen Gruppenspielen an Bord der Kreuzfahrtschiffe: Tauziehen, wie hier an Bord der *Ceylon* bei einer Ostseekreuzfahrt um 1895, Shuffleboard, bei dem eine Holzscheibe auf markierte Felder geschoben wird, Kegeln, Karabinerschießen, Tennis und verschiedene Wettrennen, wie Sackhüpfen, »Kartoffel-, Nadel-, Zigaretten- und Krawattenlauf«.

Unten
Das Ritz-Carlton-Restaurant auf der *Kaiserin Auguste Victoria* bot eine Alternative zum Speisesaal der Ersten Klasse. Um à la carte speisen zu dürfen, musste man jedoch einen stolzen Eintrittspreis bezahlen. Postkarte, um 1910.

geradezu beängstigendem Überfluss. Um vier Uhr gab es Tee, um sieben Uhr ein reichhaltiges Abendessen und um zehn Uhr Teller mit Sandwiches – aber nicht im Stil von englischen Bahnhofsbüfetts, sondern kleine Canapés mit Kaviar, Leberpastete, Eiern und Sardellen.«
Albert Ballin sorgte mit Weitblick dafür, dass die deutschen Kreuzfahrtschiffe besonderen Komfort boten: Die *Kaiserin Auguste Victoria* erhielt mit dem Ritz-Carlton-Restaurant den ersten À-la-carte-Service – ein Jahr nachdem der Meisterkoch Auguste Escoffier diesen auf dem Überseedampfer *Amerika* eingerichtet hatte. Außer Tafelfreuden und Landausflügen gab es an Bord allerdings nicht viel Unterhaltung. In der restlichen Zeit blieb es der Initiative der Kreuzfahrttouristen überlassen, wie sie der Muße pflegen wollten: »dolce far niente« in der Sonne, Konversation mit den anderen Passagieren oder der Besatzung, Lektüre, private Feste, Fotoclubs, Kostüm- oder andere Bälle, Sport in einem Turnsaal, der zumeist auf dem halboffenen Deck oder dem Sonnendeck lag. Doch nach und nach begannen die Reedereien die Freizeit an Bord zwischen den einzelnen Anlaufhäfen zu organisieren, indem sie zu geselligen oder sportlichen Aktivitäten animierten: verschiedene Decksspiele wie Shuffleboard, Mini-Pony-Rennen, Bingopartien, mitunter Tennisturniere … Außerdem wurden immer mehr Serviceleistungen an Bord angeboten: Kleinkindbetreuung, Wäschedienst, Friseursalon, Fotograf, Läden …
Trotz der beträchtlich wachsenden Zahl von Schiffen, die eigens für Vergnügungsreisen ausgestattet waren, spielte die Kreuzfahrt in der Seeschifffahrt einstweilen nur eine Nebenrolle. Der Erste Weltkrieg traf diesen Wirtschaftszweig hart, und er brauchte etliche Jahre, um sich davon zu erholen. Der größte Teil der deutschen Schiffe ging als Reparationsleistung an die Alliierten. Die meisten davon wurden nach 1918 von den britischen Reedereien Cunard und White Star Line übernommen, darunter die *Imperator*, die in *Berengaria* umbenannt wurde. Die Canadian Pacific kaufte die *Kaiserin Auguste Victoria*, die zur *Empress of Scotland* wurde, und die *Tirpitz*, die fortan *Empress of Australia* hieß. Diese ehemals deutschen Ozeandampfer bildeten das Rückgrat der transatlantischen Handelsflotte der 1920er-Jahre.

»Zechtouren« zur Rettung der Kreuzfahrt

Bedingt durch das US-amerikanische Quotengesetz von 1921, das die Einwanderung beschränkte, buchten weniger Passagiere die günstigen Passagen im Zwischendeck; Auswanderer waren bis dahin eine regelmäßige Einnahmequelle im Überseeverkehr gewesen. Zum Ausgleich suchten die unter Druck geratenen europäischen Reedereien Ersatzmärkte, und sie wurden darin seit den 1920er-Jahren von der US-amerikanische Regierung unfreiwillig unterstützt. Denn aufgrund des 1919 verabschiedeten Gesetzes über die Prohibition, das die Herstellung und den Konsum von Alkohol in den Vereinigten Staaten verbot, erfanden die Reedereien eine neue Form der Vergnügungsreise, die Kurzkreuzfahrt. Das Ziel dieser »cruises-to-nowhere« (»Kreuzfahrten nach nirgendwo«) mitten auf dem Atlantik, die ein Wochenende, drei, vier Tage oder sogar eine Woche dauerten, bestand ausschließlich darin, die Zeit an Bord zu nutzen, um den dort angebotenen »Service« in Anspruch zu nehmen. Sobald man die erforderlichen drei Seemeilen zurückgelegt hatte, um in internationale Gewässer zu gelangen, knallten die Korken und der Alkohol floss in Strömen, und das völlig legal! Wie Daniel Okrent aufzeigt, wurden so erstmals die Schiffe selbst zum Ziel der Kreuzfahrt.
Als Ventile für die Freunde harter Getränke, die es sich leisten konnten, brachten die »booze cruises« (»Zechtouren«) neuen Schwung in die Vergnügungsreise zur See, selbst nach dem Ende der Prohibition 1933. Die Reedereien nutzten kurz entschlossen diese Marktlücke und setzten dafür ebenso legendäre wie altgediente Passagierschiffe ein – Cunard die *Berengaria* und die *Aquitania*, White Star die *Olympic*, *Britannic* und *Majestic* und United States Lines sogar die *George*

Bei den »Booze cruises« (»Zechtouren«) herrschte in den Bars Hochbetrieb, sobald die Schiffe in internationalen Gewässern angelangt waren. Hier die Bar der *Belgenland* der Red Star Line, Ende der 1920er-Jahre.

Washington – natürlich ohne den Zweck solcher Kreuzfahrten in ihren Prospekten klar zu benennen. Für das Flaggschiff der Red Star Line, die berühmte *Belgenland*, wurde das Konzept der »show boat cruises« erdacht, sechstägige Kreuzfahrten, die offiziell »Vaudeville«-Vorführungen gewidmet waren: Organisiert von William Morris – dem berühmten Impresario von Charlie Chaplin und den Marx Brothers – standen Shows mit Zauberkunststücken und Gymnastik, Revuen und Konzerte auf dem Programm. Der Prospekt vom Sommer 1931 weist darauf hin, dass »der Keller mit einer Auswahl der besten Tropfen Europas bestückt sein« werde. Die Passagiere der *Belgenland* sollten sich diese auf dem sogenannten Lido-Deck zu Gemüte führen, am Rand der Swimmingpools, die Füße im tonnenweise aus Ostende angekarrten Sand. Die *Leviathan* dagegen galt lange Zeit als »alkoholfreies« Schiff, da sie unter amerikanischer Flagge fuhr. Schließlich erhielt sie Ende der 1920er-Jahre die Genehmigung, außerhalb amerikanischer Hoheitsgewässer alkoholische Getränke zu servieren, und richtete ihre eigene Bordbrauerei ein. Dort wurde so viel getrunken, dass der Rauchsalon von den Passagieren in »Trinksalon« umbenannt wurde.

Der Alkohol auf See hatte eine solche Anziehungskraft, dass die Reedereien auf ihren Passagierdampfern zusätzliche Bars einrichteten und das Personal für den Umgang mit den durstigen Amerikanern schulten. Die Schiffsjungen im Kabinendienst oder an Deck sprachen genug Englisch, um die Gäste zu den Bars zu lotsen, die Barkeeper wussten um Namen und Zusammensetzung der Lieblingscocktails der Amerikaner – Bronx, Dry Martini, Manhattan und Old Fashioned – und achteten darauf, dass sie bei der Garnierung des einen oder anderen keinen Fehler machten: Maraschinokirsche, Olive, Zitronenscheibe oder Orangenzeste … Eine Werbebroschüre der French Line, aus der John Maxtone-Graham zitiert, versprach 1924: »Während Sie aufs Meer hinausfahren, außer Reichweite von Zusatzartikeln und Verboten aller Art, erscheinen allmählich, in Kristallgläsern mit hohem, schlankem Fuß funkelnd, diese eisgekühlten kleinen Köstlichkeiten vor Ihrem Auge … so französisch, so unschuldig und so unerhört lecker.« Doch diese neue Kundschaft war nicht nach jedermanns Geschmack. Dies galt etwa für die 1912 fertiggestellte *France*, die erste ihres Namens, die Anfang der 1930er-Jahre auf Kreuzfahrten ab New York und zurück – mit Zwischenstopps in Halifax und auf den Bermudas – eingesetzt wurde. Ebenso wenig wie die traditionellen Transatlantik- und Kreuzfahrtpassagiere schätzte der Kommandant dieses »schwimmenden Schlosses«, Pierre Thoreux, die neuen amerikanischen Passagiere, die nur von französischen Spirituosen und Weinen angelockt wurden, welche sie im Überfluss konsumierten, sobald sie sicher in internationalen Gewässern angelangt waren. »Manche von ihnen nahmen nicht einmal die Anlaufhäfen zur Kenntnis, die in ihren Augen zweitrangig waren. Wenn sie in New York wieder an Land gingen, sprachen sie ganz rührselig von der ›good time‹, die sie an Bord verbracht hatten«, erinnert er sich in seinem Memoiren.

Im Angesicht der Krise

Die Kreuzfahrt kann als »perfektes Mittel gegen die Krise« angesehen werden: Der Satz stammt von John Maxtone-Graham, der sich seit frühester Jugend leidenschaftlich für Passagierdampfer interessiert (er kennt mehr als 200 Oceanliner aus eigener Anschauung!). Von Miami aus, einem kleinen Hafen in Florida, der vom Immobilienboom und der Nähe zu Havanna profitierte, starteten Kurzkreuzfahrten auf dem Atlantik oder zu preiswerten Destinationen wie Nova Scotia in Kanada, den Bermudas oder den Bahamas. Diese günstigen Angebote stellten jedoch nur einen Teil des damaligen Kreuzfahrtmarktes dar. Die klassischen Routen, die länger, kostspieliger und daher in der Mehrheit noch immer ein elitäres Vergnügen waren, brachten den Reedereien willkommene

Die vier für die warmen Gewässer der Karibik gebauten Schwesterschiffe der Grace Line, *Santa Rosa*, *Santa Paula*, *Santa Elena* und *Santa Lucia*, verfügten über Speisesäle mit einziehbaren Dächern, die es möglich machten, unter freiem Himmel zu speisen. Doch es kam durchaus vor, dass die Gäste, die sich durch den Rauch aus den Schornsteinen gestört fühlten, verlangten, dass das Dach wieder geschlossen wurde.

Rechte Seite
Die von der italienischen Reederei NGI 1927, ein Jahr nach ihrem Schwesterschiff *Roma*, in Dienst gestellte *Augustus* hatte zwischen den Schornsteinen ein kleines gekacheltes, mit Meerwasser gefülltes Schwimmbecken. Mit den am Beckenrand aufgestellten Liegestühlen und Sonnenschirmen fühlte man sich fast wie am Lido von Venedig.

neue Einkünfte während der Flaute. Erstaunlicherweise stieg mit der Zahl der verfügbaren Kojen auch die Nachfrage, und das trotz der weltweiten Wirtschaftskrise. Der Grund dafür ist sicher, dass in den 1920er- und 1930er-Jahren eine modernere und luxuriösere neue Flotte an Passagierschiffen zum Einsatz kam – wenn auch nicht ausschließlich für Kreuzfahrten.

Bedeutende Verbesserungen in der Planung und Ausstattung der neuen Dampfer trugen entscheidend zum Komfort auf Kreuzfahrten bei: Klimaanlagen in den Gesellschaftsräumen, dann in den Kabinen, Badezimmer in allen Kabinen, private Veranden, Außenschwimmbäder, einziehbare Dächer in den Speisesälen, Turnhallen, Spas … Immer mehr Transatlantikschiffe wurden im Hinblick auf eine doppelte Nutzung für Linien- und Kreuzfahrt konzipiert: Das gilt für die *Empress of Britain* der Canadian Pacific Line mit ihrem Tenniscourt oder die *Oslofjord* der Norwegian American Line (NAL), die hoch oben auf dem Promenadendeck gelegene Restaurants aufwies – eine Premiere auf einem weitgehend für Kreuzfahrten vorgesehenen Passagierschiff. Und die italienischen Dampfer, die offener gebaut waren und über Decks mit »Sandstrand« und Sonnenschirmen verfügten, brachten einen Hauch von Glamour in die Kreuzfahrt.

Obgleich die meisten der Passagiere Amerikaner waren, beherrschten weiterhin die Europäer das Geschäft, insbesondere die deutschen Reedereien. Nach dem Ersten Weltkrieg mussten sie wieder bei Null anfangen und schickten nun nagelneue Passagierschiffe ins Rennen, die bald zu den größten und beliebtesten zählten: die *Columbus* und *Sierra Cordoba* des Norddeutschen Lloyd, die *Reliance*, *Resolute* und *Milwaukee* der Hapag, die *Cap Polonio* und *Cap Arcona* der Hamburg Süd. Bei den amerikanischen Gesellschaften, mit Ausnahme der im Südpazifik aktiven Matson und der Alaska Steamship Company, kam ein Großteil des Kreuzfahrtangebots von Frachtschifffahrtsreedereien, die mit ihren Liniendampfern durch die Karibik oder nach Südamerika fuhren und Bananen (United Fruit Company), Bauxit (Alcoa Line) oder andere Güter (Moore-McCormack und Grace Line) transportierten. Sie stellten den Kreuzfahrtreisenden ein paar Dutzend in der Regel recht komfortable Kabinen zur Verfügung. Mit ihrer neuen Flotte von Kombischiffen der Santa-Klasse bot die Grace Line Kreuzfahrten an, die in den USA immer beliebter wurden. Diese Schiffe boten mehr als 250 Passagieren Platz und waren mit einziehbaren Dächern ausgestattet, die es möglich machten, abends unter freiem Himmel zu speisen. Es gab gemütliche Gemeinschaftsräume und ein Bad für jede Kabine.

Weitere berühmte Kreuzfahrtschiffe jener Zeit waren die elegante *Stella Polaris* der Bergen Line und die *Arandora Star* der Blue Star Line. An Bord der *Stella*, die einer kaiserlichen Yacht glich, war eine 130-köpfige Besatzung für das Wohl von 200 Privilegierten zuständig. Auf der *Arandora Star*, die ihre Karriere mit dem Transport von Fleisch aus Argentinien in Kühlcontainern begonnen hatte, kostete ein Tag ungefähr einen durchschnittlichen Wochenlohn. Zwischen 1929 und 1939 wurde das Schiff auf 124 Kreuzfahrten eingesetzt, davon eine in die Ostsee, eine im Indischen Ozean, sechs in der Karibik, zwölf zu den Kanaren und die übrigen auf dem Mittelmeer und zu den norwegischen Fjorden.

Die *Normandie*, Inbegriff der Art-Deco-Dampfer und nicht nur optisch, sondern auch technisch ein Meisterstück des Schiffbaus der 1930er-Jahre (sie hatte als Erste ein Radargerät, einen turboelektrischen Antrieb und eine komplette, leistungsfähige Klimaanlage), überquerte seit 1935 rund hundertmal den Atlantik. Das Lebensgefühl jener Zeit prägte sie jedoch 1938 und 1939 mit den beiden Kreuzfahrten zu den Antillen, den einzigen in ihrer kurzen Karriere. Das Highlight war jeweils Rio de Janeiro. Die Stadt übte damals eine starke Faszination auf die Amerikaner aus, galt sie doch als tropischer Tummelplatz für Millionäre.

Über ein Jahr lang hatte die Compagnie Générale Transatlantique diese Kreuzfahrt vorbereitet und die Zielhäfen sorgfältig

Bucht von Guanabara (Brasilien), 13. Februar 1938: die *Normandie* auf ihrer ersten Kreuzfahrt nach Rio de Janeiro (Broschüre vom September 1938).

Rechte Seite
Titel der Broschüre für die zweite Kreuzfahrt der *Normandie* vom 4. bis zum 28. Februar 1939. Höhepunkt der Reise waren vier Tage Rio während des Karnevals.

Folgende Doppelseite
Garibaldi-Fjord (Chile), Februar 1928: Bootsausflug der Passagiere des »Luxus«-Dampfers *Cap Norte*, der auf der Strecke Hamburg–La Plata verkehrte.

ausgewählt. Die *Normandie* war das größte Passagierschiff der Welt, das den Äquator überquerte. Wegen ihres enormen Tiefgangs konnte sie nicht alle Karibikhäfen anlaufen; daher mussten die Versorgung mit Lebensmitteln, Treibstoff und Wasser, die Landausflüge und die Abfahrtszeiten logistisch gut organisiert werden … Die Route von 1938 verlief von New York über Nassau (Bahamas), Port of Spain (Trinidad), Rio de Janeiro, Fort-de-France (Martinique) und zurück, alles in 25 Tagen. 1939 wurde ein zusätzlicher Stopp in Bridgetown (Barbados) ins Programm aufgenommen.

Die Anzeigen in den Zeitungen waren kaum erschienen, da hatten die Reichen dieser Welt bereits alle Kabinen dieser Kreuzfahrt gebucht. Offiziell gab es keine Klassen, tatsächlich aber mehrere Leistungsstandards, von der Touristenkabine für 395 Dollar bis zur Suite für 8600 Dollar.

So viele Teilnehmer (975 Personen) hatte es bei einer Kreuzfahrt nie zuvor gegeben. Nur zwei der Passagiere waren Franzosen, alle anderen Amerikaner, vor allem aber Amerikanerinnen. Man sprach damals von der »1-Million-Dollar-Kreuzfahrt«. In den Laderäumen des Ozeandampfers lagerten, wie es hieß, 150 000 in Le Havre bestellte Flaschen Champagner, in den Kühlkammern eine Tonne Hummer und zwei Tonnen Beluga-Kaviar neben zahlreichen anderen Delikatessen. Die Bostoner Agentur Raymond-Withcomb, die mit dem Entertainment an Bord wie an Land beauftragt war, hatte New Yorker Künstler engagiert, Magier, Sänger, Tänzer und Jongleure. Obwohl er anfangs von der French Line abgelehnt worden war, wurde der neueste Walt-Disney-Film *Schneewittchen und die sieben Zwerge* im Bordkino als Vorpremiere gezeigt …

Eine Woche nach dem Ablegen von Kai 88 der French Line glitt das französische Passagierschiff mit gedrosselter Geschwindigkeit in die prächtige Bucht von Guanabara mit den vielen darin verstreuten kleinen Felsen und Inseln, über die sich der berühmte Zuckerhut erhebt. Die Zeitungen von Rio de Janeiro waren überwältigt: »Das größte und schönste Schiff der Welt in der schönsten Reede der Welt.« Täglich pilgerten mehrere Tausend Brasilianer mit Einladungskarten zur Gangway, um die *Normandie* zu besichtigen. Da aber die meisten dieser Sondergenehmigungen gefälscht waren, fiel die Besichtigung sehr kurz aus, zur großen Enttäuschung oder sogar Wut der Brasilianer, die sich geprellt fühlten, nachdem sie stundenlang gewartet hatten, um das am Kai liegende Schiff zu besteigen. Zum Glück war in jenen Tagen gerade der Karneval in vollem Gange und der Zwischenfall bald vergessen. Ein Galadiner an Bord – in einem Speisesaal, der elf Meter länger war als der Spiegelsaal von Versailles – gefolgt von einem Ball beschloss den einwöchigen Aufenthalt in Rio mit dem Flaggschiff der French Line.

Bevor der Dampfer Kurs auf die Kleinen Antillen nahm, drehte er eine Art Paraderunde zu Ehren des Landes, von dem er so freundlich empfangen worden war: »Ich fuhr so nah wie möglich an Land, damit unsere Passagiere ein letztes Mal das großartige Panorama Brasiliens bewundern konnten, dessen Bevölkerung und Presse uns so viel Sympathie entgegengebracht hatte«, erzählte Kapitän Pierre Thoreux.

Auf der zweiten Kreuzfahrt der *Normandie* wurden im neuen Café-Grill die Fäden geknüpft zur internationalen Karriere der ersten Brasilianerin, die ein Weltstar wurde. Maria do Carmo Miranda [da Cunha] wurde im Casino da Urca in Rio entdeckt und eingeladen, mit ihrem Orchester Bando da Lua an Bord der *Normandie* aufzutreten, wo sie dann mit dem Broadway-Impresario Lee Shubert ihren ersten amerikanischen Vertrag abschloss: Von da an war sie Carmen Miranda, die »Brazilian Bombshell«.

Mit der *Normandie*, dem Flaggschiff der Compagnie Générale Transatlantique, wurde bestimmt die luxuriöseste Kreuzfahrt in der Geschichte der Schifffahrt veranstaltet, doch in den nächsten Jahren zielten die Reedereien eher darauf ab, neue, bescheidenere Zielgruppen an Bord ihrer »Vergnügungsdampfer« zu holen.

A RAYMOND-WHITCOMB CRUISE
1939
'NORMANDIE'
TO
RIO
Cosimini

Von der oberen Mittelschicht zu den »Pauschaltouristen«

Die amerikanische »middle class« war zunehmend von der Idee einer Seereise angetan, und ein studentisches Publikum brannte darauf, Europa kennenzulernen. Um diese Zielgruppen anzusprechen, beschlossen zahlreiche Reedereien, die Dritte Klasse in eine »Touristenklasse« umzuwandeln und mehr preiswerte und All-inclusive-Reisen anzubieten. Während die Zweite Klasse nach und nach verschwand, wurde die zur »Kabinenklasse« gewordene Erste Klasse noch luxuriöser. Ihr Platz an Bord blieb derselbe: mittschiffs, zwischen dem Promenadendeck und dem Salondeck. Die Zwischenklassen wurden im Heck untergebracht, wo es wegen der Schraubengeräusche und der Schiffsbewegungen weniger komfortabel war, oder im Bug. Erst auf der *Rotterdam* (1959) der Holland American Line (HAL) setzte sich eine waagrechte Einteilung der Klassen durch. Dieses System blieb jedoch nur noch ein Jahrzehnt lang bestehen: Ende der 1960er-Jahre gab es keine Klassen und bald darauf auch keine Passagierdampfer mehr.

Bestand die Klientel anfangs noch zu 80 Prozent aus Amerikanern, so kamen Zug um Zug neue an dieser Urlaubsform interessierte Kundenkreise hinzu. Dem Essayisten John Malcolm Brinnin zufolge »waren Kreuzfahrten anfangs das angestammte Revier betuchter Leute und derer, die zur ›besseren Gesellschaft‹ gehörten oder gehören wollten. Innerhalb von 30 Jahren wurde der Kreuzfahrtdampfer zum Ausflugsschiff, mit dem zu reisen sich jeder leisten konnte, der zehn Tage Zeit hatte und ein paar Hundert Dollar ausgeben konnte.«

Während die Klassentrennung im Linienverkehr erhalten blieb, boten manche Reedereien auf ihren Transatlantik- und Transpazifik-Schiffen, mit denen sie in der Nebensaison Kreuzfahrten in die Südsee veranstalteten, nur noch eine Klasse an, wie schon bei der Kreuzfahrt der *Normandie* 1938. Unterschiede gab es nur noch bei der Wahl der Kabine. Überall sonst auf dem Schiff begegneten sich alle Teilnehmer der Kreuzfahrt auf Augenhöhe, ob sie nun Industriekapitäne, Privatiers, Aktionäre, Geschäftsleute, Beamte oder Angestellte waren. Das Promenadendeck, der Swimmingpool, der Speisesaal und das Tenderboot waren für alle da. Für die »Happy Few« ergab sich daraus als weitere Unannehmlichkeit, dass nun die Gesellschaftsräume, früher wunderbar menschenleer, brechend voll waren.

Die französische Historikerin Marie-Françoise Berneron-Couvenhes nennt dies »den Übergang von einem elitären, ausgefallenen Luxus zu einem alltäglichen, gewöhnlichen Luxus«. Bereits Evelyn Waugh machte sich lustig über die »erbärmlichen Horden von Schulmeistern aus dem Mittelwesten, die man plötzlich an Straßenecken und in öffentlichen Gebäuden trifft, ganz verdattert und außer Atem, denen der Schädel brummt von unbekannten, fremdartig klingenden Namen und welchen die müden Glieder schmerzen, weil sie sich dauernd aus Omnibussen hinaus- oder in sie hineinquälen, treppauf, treppab und kilometerweit durch Museen laufen müssen, immer auf den Fersen eines Witze reißenden, verächtlich dreinblickenden Reiseleiters.«

In der zweiten Hälfte der 1920er-Jahre begannen die deutschen Reedereien, die Kreuzfahrten wirklich einem breiteren Publikum zugänglich zu machen, indem sie das Modell der »Pauschalkreuzfahrt« entwickelten. Insbesondere die ab 1926 zur Beförderung von europäischen Auswanderern in die USA und vor allem nach Südamerika gebauten *Monte*-Schiffe der Hamburg Süd boten nur zwei Klassen an, nämlich die Dritte und das Zwischendeck; im Sommer wurden sie für billige Kreuzfahrten nach Norwegen, ins Mittelmeer und sogar bis zu den großartigen Gletschern Feuerlands eingesetzt. Im Unterschied zur Hapag und zum NDL, die einer internationalen, vorwiegend amerikanischen und englischen Kundschaft jeden erdenklichen Luxus boten – Einzelkabinen, Wintergärten, elegante Salons mit verglasten Dächern, Innenschwimmbad, Tenniscourt, Speisesäle mit Tageslicht und Meerblick –, hat-

Linke Seite, links
Nach ihrer vorwiegend als Kreuzfahrtschiff auf allen Weltmeeren verbrachten Dienstzeit blieb der »Grande Dame« der Holland America Line, der *Rotterdam V* von 1959, das Abwracken erspart; sie wurde saniert und renoviert. Seit 2010 ist sie zugleich Museum und schwimmendes Hotel – im Hafen von Rotterdam.

Linke Seite, rechts
Passagiere des deutschen Dampfers *Monte Rosa* der Hamburg Süd (in Dienst gestellt 1931), warten im Tender, bereit zu einem Landgang. Bis 1938 wurde das Schiff fast ausschließlich für »Billige Kreuzfahrten« nach Nordeuropa und ins Mittelmeer eingesetzt.

Die sehr erfolgreichen KdF-Kreuzfahrten boten ähnliche Leistungen wie die großen Reedereien: reichliche Verpflegung, Gruppenspiele, Vorträge, Tanzabende … Allerdings wurden die (diskret überwachten) Fahrgäste von der Bevölkerung der bereisten Länder, vor allem in Norwegen, zumeist kühl empfangen. Auf den Kurzkreuzfahrten waren Landgänge ohnehin nicht vorgesehen – aus Gründen der Devisenersparnis oder weil Kontakte zu Norwegern nicht erwünscht waren … (Plakat von Werner von Axster-Heudtlass, 1937).

ten beispielsweise die Dampfer *Monte Sarmiento* und *Monte Olivia* für die bescheidenen deutschen Kreuzfahrtpassagiere Gesellschaftsräume mit einfacher, aber funktioneller Ausstattung, Kabinen mit zwei bis acht Kojen – Zweibettkabinen waren Ehepaaren vorbehalten – sowie große Schlafsäle für zwölf bis 24 Personen. Der Schifffahrtshistoriker Arnold Kludas zitiert aus dem Reedereiprospekt der Hamburg Süd: »Wir möchten noch besonders darauf hinweisen, dass es sich bei diesen Fahrten um sogenannte ›volkstümliche‹ Reisen handelt, auf denen jeder Luxus, wie er z. B. in den 1. Klassen der Nordlanddampfer üblich ist, vermieden wird. *Monte Sarmiento* ist ein Einheitsschiff dritter Klasse modernsten Typs. Die Reisenden können sich auf diesem Schiff in ungezwungener Weise in einfacher Touristenkleidung bewegen, und wir bitten daher, nur das Notwendige mitzunehmen. So nehme ein Herr zum Beispiel neben dem Anzug, den er trägt, nur einen Reserveanzug, einen nicht zu dünnen Mantel und möglichst eine Reisedecke mit; dazu ein Paar Reservestiefel und Wäsche nach gewohntem Bedarf für 16 Tage. Mitnahme von Gesellschaftskleidung ist nicht erforderlich.«

Da sie gleichermaßen die Durchschnittskundschaft gewinnen wollten, überboten die Reedereien einander an Fantasie. Die Hamburg Süd führte ab 1927/1928 die »billigen Reisen« ein, bei denen auch alle Trinkgelder im Reisepreis inbegriffen waren! 1931 veranstaltete die Hapag ihrerseits »Seefahrten« mit der *Reliance* und *Resolute*. In gewisser Weise waren das Minikreuzfahrten, die mittags in Hamburg begannen, am nächsten Tag bis zur norwegischen Küste hinaufführten und am dritten Tag mittags in Cuxhaven endeten. Da keine Landgänge vorgesehen waren, handelt es sich aber streng genommen nicht um Kreuzfahrten. Dagegen war die Weihnachts- und Silvester-Kreuzfahrt zu den Atlantischen Inseln, die von der Hapag im Dezember 1933 erstmals angeboten wurde, so erfolgreich, dass die Idee sogleich vom NDL und der Hamburg Süd aufgegriffen und zum Klassiker wurde …

Trotz der Weltwirtschaftskrise und der miserablen finanziellen Lage der deutschen Reedereien beschloss der nationalsozialistische Staat schon gleich nach der »Machtergreifung« 1933, aus Gründen des internationalen Prestiges die Transatlantiklinien und die Kreuzfahrten aufrechtzuerhalten. Über die Freizeit der deutschen Arbeitnehmer wachte fortan eine Unterorganisation der Deutschen Arbeitsfront (DAF), »Kraft durch Freude« (KdF). Ab 1934 nahm sie sich der Kreuzfahrten an, um daraus ein bedeutendes Propagandainstrument zugunsten des Massentourismus zu machen und im Ausland ein sympathischeres Bild des »neuen Deutschland« zu zeichnen, als dies durch SA und SS möglich war. »Nun sind wir alle Kaiser«, tönte die NS-Propaganda und spielte damit auf die Kreuzfahrten Kaiser Wilhelms II. an.

KdF wurde rasch zu einem der weltweit größten Reiseveranstalter: Sie charterte den Großteil der Passagierdampferflotte der deutschen Reedereien und schickte damit Tausende von Menschen zur Nordsee, zu den norwegischen Fjorden, aber auch zum Mittelmeer, insbesondere nach Italien (Neapel, Palermo, Venedig …). In Zusammenarbeit mit ihrer faschistischen Schwesterorganisation, der »Opera Nazionale Dopolavoro« (Nationales Freizeitwerk), ging es auch zu den Kanaren und Balearen oder zu so exotischen Zielen wie Tripolis in Libyen, der Kolonie des faschistischen Italien.

KdF ließ sogar eigene Kreuzfahrtschiffe bauen, wie die *Wilhelm Gustloff*, die im Mai 1937 vom Stapel lief, oder die *Robert Ley*, den eigentlichen Prototyp des modernen Kreuzfahrtschiffs, das ohne Klassenunterschied für mehr als 2000 Personen inklusive Besatzung Platz bot, mit großflächigen Außendecks, die für die morgendlichen Flaggenparaden, gemeinschaftliche Übungen und Spiele geeignet waren, einem Theatersaal, zwei Tanzflächen, einem Schwimmbad, einer Turnhalle und geräumigen Kabinen, alle außen liegend mit Meerblick und fließend kaltem und warmem Wasser. Innerhalb der sechs Jahre von 1934 bis 1939 nahmen annähernd 800 000

Vorhergehende Doppelseite
1958: Die *Lurline* der Matson Lines legt am Terminal in San Francisco ab. Das Schiff verkehrte seit 1933 zwischen Hawaii und dem amerikanischen Kontinent. Im Juni 1957 wurde es in einen Passagierdampfer umgebaut, auf dem es nur Erste Klasse gab, und machte gelegentlich Kreuzfahrten im Pazifik.

Die *Caronia* war mit ihrem Luxus und ihrem legendären Service zwischen 1949 und 1967 das renommierteste Kreuzfahrtschiff. Auf ihre seit 1951 alljährlich durchgeführte dreimonatige Kreuzfahrt um die Welt nahm sie nur 500 Passagiere mit.

Rechte Seite
Trotz aufsehenerregender Werbekampagnen, insbesondere mit dem Cunard-Slogan »Getting there is half the fun!« (1951), konnten die Reedereien die Konkurrenz des Flugzeugs nicht aufhalten.

Passagiere an 673 recht preisgünstigen siebentägigen Kreuzfahrten teil – freilich um den Preis einer über Bordlautsprecher verbreiteten Propagandaberieselung, einer diskreten Überwachung durch den Staatsapparat und des Verzichts auf jegliche Privatsphäre. Hartmut Berghoff beschreibt die KdF-Kreuzfahrten als »ein Privileg der oberen Mittelschicht, das nun breiteren Bevölkerungsschichten zugänglich war«. Doch faktisch konnte nur einer von hundert Arbeitern an solchen Reisen teilnehmen, das heißt, der Arbeiteranteil bei KdF-Seefahrten betrug nur knapp 20 Prozent.

Die Wiederbelebung der Kreuzfahrt

Auf den Weltmeeren umherzufahren, wurde zu einer »bewussten Entscheidung für eine Vergnügungsreise«, wie es Marie-Françoise Berneron-Couvenhes formulierte. Doch der Zweite Weltkrieg unterbrach die Veranstaltung von Vergnügungsreisen abrupt, was, wie nicht anders zu erwarten, verheerende Folgen für die Reedereien hatte. Aufseiten der Alliierten waren zahlreiche beliebte Kreuzfahrtschiffe, wie *Empress of Britain*, *Empress of Canada*, *Arandora Star*, *Carinthia* und *Laconia*, im Zuge des U-Boot-Kriegs im Atlantik torpediert und versenkt worden. Die anderen Schiffe, die während des Krieges für Truppen- und Materialtransporte herangezogen wurden, standen bis zum Ende der 1940er-Jahre im Dienst der Armee. Die deutsche Handelsflotte, deren Schiffe entweder beschlagnahmt oder zerstört worden waren – so zum Beispiel die legendären Dampfer *Columbus*, *Cap Arcona*, *Resolute*, *Bremen*, *Wilhelm Gustloff*, *Robert Ley*, *Steuben*, *Monte Sarmiento, Monte Olivia, Monte Pascoal, Deutschland* –, musste wieder bei Null anfangen und hat ihre Bedeutung von vor dem Krieg nie wieder erreicht.

In Europa wie in den USA wurden hochbetagte Dampfer zu Kreuzfahrtschiffen umgebaut, während neue Transatlantikliner mit geräumigen Kabinen aus den Werften kamen. Die berühmtesten hießen *Caronia* (1947), *Kungsholm* und *Arcadia* (1953), *Carinthia* (1956), *Jean Mermoz* (1958), *Canberra* (1960), *France* (1961), *Raffaello* und *Michelangelo* (1965), *Queen Elizabeth II* (1969) … Die Kreuzfahrtschiffe wurden für die Reedereien wiederum ein willkommenes Mittel, um die Verluste in der Nebensaison gering zu halten. Eine erwähnenswerte Ausnahme bildete die *Caronia* der Cunard-Reederei: Das für eine äußerst anspruchsvolle Klientel geplante, klassisch gezeichnete Passagierschiff mit 34 000 BRZ kam dabei ganz gut weg, denn durch seinen Einsatz im Liniendienst über den Atlantik konnte es in einem neuen Kreuzfahrtgebiet positioniert werden. Die *Caronia* fuhr jedes Jahr dieselbe Route: In den ersten Monaten des Jahres machte sie eine Tour um die Welt oder um Afrika, im Frühling ging sie auf Kreuzfahrt ins Mittelmeer und ins Schwarze Meer, den Sommer verbrachte sie in Skandinavien und auf dem Atlantik und das Jahresende in der Karibik. Technisch auf dem neuesten Stand, hob sich die »grüne Göttin«, wie die *Caronia* auch genannt wurde – zum Schutz vor der tropischen Hitze war ihr Rumpf bis zum Oberdeck in vier hellgrünen Schattierungen gestrichen –, von den herkömmlichen Transatlantiklinern ab. Sie wies terrassenförmige Decks auf, dazu ein ständiges Außenschwimmbad. Jede Kabine war mit eigenem Bad und fließend kaltem und warmem Wasser ausgestattet. Laufende Überholungen und Neuausstattungen sorgten für ein gepflegtes Ambiente. Ein Verhältnis Besatzung zu Passagiere von fast eins zu eins sprach dafür, dass man Wert auf perfekten Service legte. Die 500 Gäste der *Caronia* fühlten sich an Bord so wohl, dass manche von ihnen ganzjährig auf dem Schiff lebten. So verbrachte die Amerikanerin Clara L. MacBeth fast 15 Jahre in derselben Kabine, und sie zahlte dafür einen Pauschalpreis von insgesamt rund 20 Millionen Dollar.

Doch abgesehen von diesem »Wartezimmer Gottes«, so der andere Spitzname der *Caronia*, waren die Nachkriegspassagierschiffe zumeist nicht für Kreuzfahrten geeignet. Ihre Raum-

Getting there is half the *fun!*

Autumn is ideal for your visit to Europe . . . when Britain and the Continent are at their sparkling, uncrowded best . . . and ideal, too, for a gay, relaxing ocean voyage! When you go Cunard, each day at sea and each brilliant, enchanted evening is a glorious new adventure shared with interesting companions amid all the comforts of a great seaside resort. You'll delight in the bright conviviality, the thoughtful, attentive service for which Cunard is famous . . . and the marvelous food, prepared for your sea-sharpened appetite by internationally trained chefs. See your travel agent about Cunard's lower "Thrift Season" rates.

Swimming Pool in the Queen Mary

Write for Cunard's attractive new brochure "Gracious Living at its Best."

No wonder more people prefer CUNARD

From New York: QUEEN ELIZABETH • QUEEN MARY • MAURETANIA • CARONIA • BRITANNIC • MEDIA • PARTHIA
From Canada: FRANCONIA • SCYTHIA • SAMARIA • ASCANIA

Folgende Doppelseite
Ein grandioser Blick aus der Vogelperspektive vom Central Park (Deck 8), dem nach oben offenen tropischen Park in der Mitte der *Oasis of the Seas* (2010).

Die *Sunward* der NCL, ein Einklassenschiff, das drei- bis viertägige Kreuzfahrten durchführte, war das allererste Kreuzfahrtschiff, das 1966 die neuen Hafenanlagen in Miami nutzte. Auf diesem Foto vom September 1970 wird das am Mallory Dock, in Key West, Florida, ankernde Schiff mit Tanz und Blaskapelle begrüßt.

aufteilung ließ keinen schnellen Wechsel von einer Belegung mit mehreren Klassen zu einer Einheitsklasse zu, es gab nicht genug Swimmingpools oder sie waren zu klein, und vor allem gingen die Schiffe zu tief, als dass sie in den kleinen Häfen, die normalerweise bei Kreuzfahrten angelaufen wurden, hätten ankern können. Manche Reedereien wie die HAL gingen dazu über, auf dem Kreuzfahrtmarkt kleine Schiffe einzusetzen, die ausschließlich Kabinen der Touristenklasse aufwiesen (so 1951 die *Rijdam* und 1952 die *Maasdam*) sowie 1959 mit der *Rotterdam* einen Überseedampfer mit zwei Klassen. Sie wurde das Flaggschiff der Reederei und ließ sich dank eines sinnreichen Systems von Schiebewänden ganz leicht in ein Kreuzfahrtschiff mit nur einer Klasse verwandeln. Nicht nur die Cunard Line versuchte in diesen Jahren ihre Passagiere davon zu überzeugen, dass »am Ziel anzukommen nur der halbe Spaß« sei (»Getting there is half the fun!«), wie ein Werbeslogan ab 1952 verkündete. Das hieß mit anderen Worten: »Genießen Sie die Zeit auf dem Schiff genauso wie am Bestimmungsort.« In gleicher Weise feierte die French Line mit mehreren Slogans die fröhliche Stimmung bei einer Seefahrt (»Your Gay entrée«, »Es wird gefeiert«, »Kommen Sie an Bord und genießen Sie Frankreich«) und pries die gebotenen Tafelfreuden (»Lebensfreude!«, »Erleben Sie einen Hauch von Frische«).

Diese auf Lebensart abgestimmte Werbestrategie trug dem Umstand Rechnung, dass das Schiff im Begriff war, seine Stellung als einziges interkontinentales Verkehrsmittel zu verlieren. Mit der Boeing 707 erwuchs dem transatlantischen Linienverkehr die übermächtige Konkurrenz der Jets. 1957 reisten zum letzten Mal mehr Passagiere mit dem Schiff als mit dem Flugzeug über den Nordatlantik. Als Reaktion zogen die Reedereien ihre Liniendampfer nach und nach aus dem Verkehr, um sie stillzulegen oder ausschließlich für Kreuzfahrten zu verwenden. Schiffe, die dem Abwracken entgingen, wurden völlig neu ausgestattet, um auf dem Kreuzfahrtmarkt weiter bestehen zu können: Ihre Decks wurden nach außen geöffnet, überall Klimaanlagen eingebaut, die Inneneinrichtung wurde dem Zeitgeschmack angepasst und die Kabinen wurden in der Touristenklasse angeboten.

Zahlreiche Reedereien, die den Kreuzfahrtmarkt dominiert hatten, verschwanden. Die Hapag, die mit dem Norddeutschen Lloyd fusioniert hatte, die Cunard White Star, P&O, Holland American Line und die French Line mussten, um das Überleben ihrer Transatlantikliner zu sichern, eine neue Aufgabe für sie finden, zumal nun italienische und griechische Newcomer – Home Lines, Costa Line, Sitmar, Greek Flotta Lauro Lines, Chandris Line – ins Geschäft einstiegen. Die bisher auf die Beförderung von Post und Auswanderern nach Südamerika spezialisierten Reedereien aus dem Mittelmeerraum hatten den Kreuzfahrtmarkt entdeckt, nachdem sie immer weniger staatliche Verträge erhielten. Ob Passagierschiffe, Tenderboote, Fähren, Frachter, Liberty-Schiffe oder sogar Tanker – für die Neulinge auf dem Markt konnte jedes generalüberholte Schiff zu einer zweiten Karriere als Kreuzfahrtschiff starten! So wurden aus der *Kungsholm* der SAL sowie der *Malolo* und *Mariposa* der Matson-Reederei die *Italia*, *Atlantic* bzw. *Homeric* der Home Lines. Viele der in den 1940er- bis 1960er-Jahren gebauten Passagierschiffe fuhren mehrmals unter anderer Flagge, wie z. B. die 1958 vom Stapel gelaufenen Schwesterschiffe *Brazil* und *Argentina* von Moore McCormack. Nachdem sie Anfang der 1970er-Jahre zu *Volendam* und *Veedam* unter der Flagge der HAL geworden waren, charterten sie die Monarch Cruise Lines zwischen 1975 und 1978 als *Monarch Sun* und *Monarch Star*. In den 1990er-Jahren wurden sie dann an die Commodore Cruise Lines verkauft, wo sie als *Enchanted Sea* und *Enchanted Isle* Dienst taten.

Die starke Nachfrage und die optimistischen Wachstumsprognosen in der Branche veranlassten die neuen Reedereien dazu, in die erste Generation moderner Kreuzfahrtschiffe zu investieren. Die Home Lines, die erste Reederei, die sich ab 1963 ausschließlich der Kreuzfahrt widmete, gab die 1965

Nachdem er zehn Jahre lang Passagiere zwischen Genua und Südamerika befördert hatte, wurde der letzte italienische Transatlantikliner *Eugenio C.* (1966) in den 1970er-Jahren von der Reederei Costa Crociere zu einem Kreuzfahrtschiff umgebaut. Das Foto entstand nach 1984, ab da hieß das Schiff *Eugenio Costa*.

In den 1980er-Jahren machte die amerikanische Fernsehserie *The Love Boat* mit der *Pacific Princess* (Ex-*Sea Venture*) als Star die Kreuzfahrt populär. Ihrer sympathischen und einsatzfreudigen Crew unter dem Kommando von Captain Merrill Stubing gelang es mit allerlei unwahrscheinlichen Romanzen, den Passagieren das Leben wieder lebenswert erscheinen zu lassen.

ausgelieferte *Oceanic* in Auftrag: Dieses ursprünglich als Transatlantikliner konstruierte Schiff wurde das größte Kreuzfahrtschiff jener Zeit und das erste, das ein »Magrodome«, eine bewegliche Dachkonstruktion aus Glas besaß, mit der das Lido-Deck bei schlechtem Wetter komplett abgedeckt werden konnte. Doch die Innovationen kamen vor allem von europäischen, insbesondere skandinavischen Unternehmern, die in eine neue Flotte investierten – die aber nicht mehr in Europa eingesetzt wurde, sondern direkt in der Karibik.

Die Entstehung der modernen Kreuzfahrt

Die moderne Kreuzfahrt begann mit dem Aufschwung neuer norwegischer und amerikanischer Reedereien, die sich auf Karibikreisen von der Ostküste der USA aus konzentrierten und die Kreuzfahrtbranche vor dem Konkurs retteten. Die Norwegian Caribbean Line (NCL) stellte 1966 die *Sunward* in Dienst, eine Autofähre, die 600 Passagiere und 500 Fahrzeuge befördern konnte. Darauf folgte 1970 die Royal Caribbean Cruise Line mit der *Song of Norway*, 1972 die Royal Viking Line. Die *Song of Norway* wies erstmals ein verglastes Restaurant, ein Solarium und eine kreisrunde Cocktailbar auf, die »Viking Crown Lounge«, die zum Markenzeichen aller Schiffe von Royal Caribbean wurde und in der man einen großartigen Blick vom höchsten Punkt des Schiffs aus genoss. Auch amerikanische Reedereien – Princess Cruises 1965, Carnival Cruise Lines 1974 – wagten sich an das Abenteuer. Die von Ted Arison, der zusammen mit Knut U. Kloster die NCL aufgebaut hatte, gegründeten Carnival Cruise Lines hatten von Canadian Pacific die *Empress of Canada* gekauft, um sie als *Mardi Gras* zu ihrem Flaggschiff zu machen. Zugleich wurde Miami zum Hauptstützpunkt für Kreuzfahrten in die Karibik. Mit diesem ersten »Fun Ship«, dem 1975 *Carnivale* und 1978 *Festivale* folgten, wurde das Schiff mit seinen vielfältigen Bordattraktionen zum eigentlichen Ziel der Kreuzfahrttouristen.

Die neuen Pioniere zielten darauf ab, mithilfe relativ günstiger Preise Kunden jeden Alters aus der Mittelschicht zu Kreuzfahrten in der östlichen Karibik auf ihre Schiffe zu locken. Diese Reisen dauerten nur ein paar Tage. Wenn die Kunden einmal an Bord waren, bestand die Hoffnung, dass sie weiter Geld ausgaben. Das bis dato als Konkurrenz angesehene Flugzeug wurde nun in den Dienst der Kreuzfahrt gestellt. Nun war Schluss mit den langen Überfahrten in winterlicher Kälte auf stürmischer See, um in die warmen Gewässer der Karibik oder des Mittelmeers zu gelangen. Von nun an flog man dank des »Package«-Angebots der NCL nach Florida, San Juan oder zu einem anderen Seehafen in wärmeren Gefilden und schiffte sich dort ein. Diese Symbiose mit dem Flugzeug ging ziemlich weit. 1974 wurde die *Golden Odyssey* der Royal Cruise Line so geplant, dass sie die Fluggäste einer vollbesetzten Boeing 747, das heißt 460 Personen, aufnehmen konnte.
Gefördert durch eine offensive Werbekampagne, setzte sich die Kreuzfahrt in den USA immer mehr als eine völlig alltägliche Urlaubsart neben anderen durch. Zu diesem Erfolg trug ganz wesentlich die Fernsehserie *The Love Boat* (deutscher Titel: *Love Boat*) bei, die von 1977 bis 1987 auf ABC ausgestrahlt wurde. Denn einer ihrer Stars war das Kreuzfahrtschiff *Pacific Princess* von Princess Cruises. Damals vesuchte Carnival mithilfe einer neuartigen, aggressiven Marketingstrategie die Marktführerschaft zu gewinnen. Dazu gehörten Fernsehwerbespots, die insbesondere während der Serie *The Love Boat* gesendet wurden, die Produktion von Fernsehsendungen an Bord von Schiffen ihrer Flotte, Sonderangebote für junge Leute usw. Um die Unterstützung der Reiseveranstalter zu bekommen, zahlte Carnival allen, die eine Kreuzfahrt als erste Wahl empfohlen hatten, zehn Dollar und tausend Dollar, wenn sie ein Angebot von Carnival verkauften. Nachdem Carnival auf diese Weise Marktführer in den Vereinigten Staaten geworden war, kaufte die Gesellschaft nach und nach die kleineren amerikanischen Anbieter auf, bevor sie sich den großen europäischen

Die *Majesty of the Seas*, der neueste Zwilling der *Sovereign of the Seas*, die 1992 von den Chantiers de l'Atlantique in Saint-Nazaire geliefert wurde, gehört zur dritten Generation von Kreuzfahrtschiffen der Royal Caribbean Cruise Line. Die *Majesty of the Seas* und ihre Schwestern waren die ersten extrem großen Passagierschiffe, die seit der *France* gebaut wurden.

Reedereien zuwandte. Nach und nach kaufte Carnival die Holland America Line, die sich seit 1973 wieder auf das Kreuzfahrtgeschäft konzentriert hatte (1989), Costa Croisière (1997) und Cunard (1998). Dank der Mobilität seiner Flotte und seiner Neuerwerbungen deckte der Branchenriese aus Florida von da an einen Großteil der klassischen Kreuzfahrtgebiete ab.

Wichtigstes Ziel der Kreuzfahrt: das Schiff

Mit Vergnügungsreisen auf See hatten sich die neuen Reedereien eine Marktnische erschlossen. Wie Carnival allerdings betonte, operiere das Unternehmen aus Miami »innerhalb der Tourismusindustrie, nicht der Kreuzfahrtindustrie«: »We're not shipping, we're tourism«, erklärte Micky Arison, der Sohn von Ted Arison, dem Gründer der Carnival Cruise Lines, wie der Schifffahrtshistoriker Gérard Cornier zu berichten weiß. So richtete das Unternehmen seinen Blick nicht mehr nur auf die Kreuzfahrt herkömmlicher Art, sondern auf Las Vegas und Orlando (Disney), die beiden Topziele des amerikanischen Tourismusmarktes, was zur Folge hatte, dass Carnival-Reisen neue Maßstäbe setzten, sowohl was die Ausstattung der Schiffe und ihre Größe betraf als auch die dort stattfindenden Aktivitäten: »Um für ein mittelständisches Publikum attraktive Preise anzubieten und dabei ihre Gewinnspanne nicht zu schmälern, ließen die konkurrierenden Reedereien im Lauf der Jahre immer größere Passagierschiffe bauen, sodass die Kosten (Besatzung, Treibstoff …) auf immer mehr Passagiere verteilt werden konnten«, erläutert Gérard Cornier. Dieser Wettlauf um Tonnagen und Megagröße begann 1979 mit dem Erwerb der *France* durch NCL. Der modernisierte, für die Kreuzfahrt umgerüstete und neu ausgestattete weltgrößte Transatlantikliner feierte dann unter dem Namen *Norway* enorme Erfolge als weltgrößtes Kreuzfahrtschiff.

Da den Reedereien die Modernisierung alter Passagierdampfer bald nicht mehr genügte, investierten sie in neue Schiffe, wahre schwimmende Ferienanlagen, mit denen die Entwicklung der Kreuzfahrt zum Massentourismus erst möglich wurde. Diese Schiffe entsprechen hinsichtlich Qualität und Größe ihren Vorgängern, übertreffen aber die erste Generation an Komfort und Luxus. Der erste Prototyp dieser zweiten Generation ist die *Tropicale*, die von Carnival Cruise Lines 1982 in Dienst gestellt wurde. Mit ihren 36 000 BRZ konnte sie mehr als tausend Passagiere und 500 Besatzungsmitglieder mit einer Geschwindigkeit von 22 Knoten befördern; sie bot einen großen Swimmingpool mit Wasserrutsche und einen kleinen am Heck. Die auffällige, der Schwanzflosse eines Wals nachempfundene Form ihres Schornsteins wurde zum Markenzeichen für alle Carnival-Schiffe.

1988 stellte die in Saint-Nazaire für Royal Caribbean Cruises gebaute *Sovereign of the Seas* einen neuen Rekord auf: 268 Meter lang, rund 74 000 BRZ, 1141 Kabinen, Kapazitäten für 2600 Passagiere, und das bei äußerst luxuriöser Ausstattung. Mit ihren Schwesterschiffen *Monarch of the Seas* sowie *Majesty of the Seas* war die *Sovereign of the Seas* damals das größte Kreuzfahrtschiff der Welt, abgesehen von der *Norway*. Neben ihrer Größe war das charakteristische Merkmal dieser Schiffe der neuen Generation ihre Raumaufteilung: Sie hatten ein modernes offenes Atrium (eine sich über mehrere Decks erstreckende zentrale Lobby mit gläsernen Aufzügen), und um die Ruhe der Gäste nicht zu stören, lagen die Passagierkabinen so weit wie möglich von den öffentlichen Räumen entfernt. Die Interieurs wurden mit fantasievollen Designs, zum Beispiel im Stil von Las Vegas oder Disneyland, aufgepeppt, um vor allem amerikanische Passagiere zu ködern.

Je größer die Schiffe wurden, desto vielfältiger gestaltete sich auch das Angebot an Leistungen und Attraktionen an Bord, zumal lange Reisezeiten auf hoher See zu allerlei Aktivitäten einluden. Es gab riesige Swimmingpools, Minigolfanlagen, Poolspiele, dazu Tennis- und Basketballfelder, Joggingbahnen, Beauty- und Fitnesscenter, Einkaufszentren, Theater, Kinos,

Unten
Während im Jahr 2000 ein Schiff mit 1000 Kabinen (das heißt 2000 Passagieren) noch riesig wirkte, hat sich heute die Kapazität der Cruiser spürbar vergrößert. Mit 365 Metern Länge und 225 000 BRZ – die *France* von 1961 hatte 66 000! – bieten die 2009 und 2010 in Dienst gestellten *Oasis of the Seas* und *Allure of the Seas* (hier sieht man ihren Bug auf See) rund 6300 Gästen Platz.

Wenn die Schiffe selbst das Ziel der Reise sein sollen, dann sind sie mit ihrem reichhaltigen Angebot an sportlichen Freizeitaktivitäten wahre »Holiday Resorts« und zugleich beeindruckende schwimmende Vergnügungsparks geworden. »Water Works« heißt das neue Erlebnisbad auf der *Carnival Fantasy* mit einer über 90 Meter langen Wasserrutsche und Wasserfontänen.

Watches

DIASA

Vorhergehende Doppelseite
Die Empfangshalle ist das Paradestück eines Kreuzfahrtschiffs. Durch einen Lichtschacht erhellt, erstreckt sie sich häufig über mehrere Decks, zu denen man mit Panoramaliften gelangt. Obwohl sich das Ausstattungskonzept der *Costa Fortuna* (2003) vom »Las Vegas«-Stil der vorhergehenden Costa-Schiffe verabschiedet hat, verzichtet seine Lobby, die der Geschichte von 26 Schiffen der italienischen Reederei gewidmet ist, nicht ganz auf barock- überladenes, grellbuntes Dekor und den Kitsch der »Fun Ships«.

Das Verhältnis zwischen Besatzungsmitgliedern und Passagieren stellt ein nicht unwesentliches Kriterium für eine Kreuzfahrt dar – je ausgeglichener es ist, desto besser ist der Service. Die japanische Reederei Crystal Cruises liegt dabei an der Spitze. Hier machen sich zwei Majordomus auf der *Crystal Symphony* bereit, einen perfekt gekühlten Champagner zu servieren.

Rechte Seite
Auf der *Allure of the Seas* arbeiten fast 1200 Menschen in 20 Küchen, um den gesamten Service der größtenteils rund um die Uhr geöffneten Restaurants zu gewährleisten. Im Hauptspeisesaal »Adagio«, dessen Dekor als Hommage an den Art-Deco-Stil der großen Ozeanliner von früher gedacht ist, können nahezu 3000 Gäste gleichzeitig bedient werden.

Kunstgalerien, Nachtclubs, Spielkasinos, Restaurants für jeden Geschmack und jeden Geldbeutel.

An Bord dieser »very large cruise vessels« war auch die Etikette meilenweit entfernt von den starren gesellschaftlichen Konventionen, die auf den Transatlantik- und Kreuzfahrten früherer Zeiten geherrscht hatten. Beeinflusst von der »unbeschwerten Kultur« der Karibik, sollte die Atmosphäre locker sein, die Kleidung leger; die Mahlzeiten waren zwanglos, abwechslungsreich und an den individuellen Ernährungsstil eines jeden Gastes angepasst. Es war die Geburtsstunde des »cool cruising«. Das Schiff, so schreibt Alain A. Grenier, wurde für die Passagiere zu einem »Ort der Freiheit«.

1999 wurde auf der *Voyager of the Seas* – 137 276 BRZ, 3138 Passagiere und 1181 Besatzungsmitglieder – die erste Kletterwand auf See angeboten – man befestigte sie am Schornstein –, die erste Kunsteisbahn und die erste »Royal Promenade«, eine 120 Meter lange und vier Decks hohe überdachte, von Läden und Kneipen gesäumte Passage in der Mitte des Schiffs.

Die anderen Reedereien folgten auf dem Fuß mit der *Splendida* und der *Fantasia* der italienischen MSC und der *Norwegian Epic* von NCL. Die *Oasis of the Seas* und ihr Schwesterschiff *Allure of the Seas*, die 2009 und 2010 an CCL geliefert wurden, setzten noch einmal neue Maßstäbe. Die Dimensionen dieser beiden Giganten der Meere sind schwindelerregend: Mit einer maximalen Höhe über der Wasserlinie von 72 Metern, 18 Decks, einer Länge von 360 bzw. 361 Metern, einer Breite von 47 Metern, einer Bruttoraumzahl von rund 220 000 BRZ und einer Kapazität für 6296 »Gäste« (so heißen die Passagiere jetzt) sind diese Mega-Cruiser die größten und teuersten Passagierschiffe, die je gebaut wurden. Dank einziehbarer Abgasrohre können sie Brücken passieren. Jeder dieser schwimmenden Vergnügungsparks weist fünf Swimmingpools auf, ein Erlebnisbad, Themenparks für Kinder, Karussells, eine Kletterwand, Volley- und Basketballfelder, eine Seilrutschbahn auf beiden Seiten des Schiffs und einen blühenden, baumbestandenen Park – den ersten dieser Art auf hoher See, mit mehr als 12 000 Pflanzen, 62 Weinreben, 56 Bäumen und Bambusgewächsen, von denen einige über 7 Meter hoch sind. Im Hauptspeisesaal der *Oasis*, dem »Opus Dining Room«, können zur gleichen Zeit mehr als 3000 Gäste auf drei Etagen ihre Mahlzeiten einnehmen und sich dabei wie in einem französischen Restaurant fühlen. Verständlich, dass bei solchen Leistungen die Anlaufhäfen, falls es noch welche gibt, nebensächlich werden. Das ist auch durchaus beabsichtigt, gibt es doch nur eine begrenzte Zahl von Häfen, in denen solche Giganten anlegen können.

Seereisen heute

Während sich 1970 ungefähr eine halbe Million Kreuzfahrttouristen auf den Weltmeeren tummelten, sind es heute 20 Millionen. Angesichts dieser stetig wachsenden Nachfrage halten die Kreuzfahrt-Reedereien eine Flotte von 300 Schiffen bereit, von der Yacht mit 3000 BRZ bis zum Ozeanriesen mit 220 000 BRZ. Wer sind die Kreuzfahrer von heute? Die Amerikaner stellen mit 63 Prozent den Löwenanteil, doch interessieren sich auch die Europäer – insbesondere Briten, Deutsche und Spanier – zunehmend für diese Form der Freizeitgestaltung. Dank ihnen ist der Kreuzfahrtmarkt seit 1990 durchschnittlich um sieben Prozent jährlich gewachsen. Auch wenn es noch kein echter Massenmarkt ist – Kreuzfahrten sind in den letzten Jahren viel populärer und jugendlicher geworden. Das Angebot richtet sich nicht mehr an die überschaubare Welt der oberen Zehntausend und der Selbstständigen mit Spitzeneinkommen, die lange die bevorzugte Zielgruppe waren. Zwar existiert noch immer ein Luxusmarkt mit einem hohen Standard bei Service, Ausstattung, Bordaktivitäten und kulinarischen Leistungen, aber es gibt jetzt auch ein Angebot, das sich an Kunden mit bescheidenerem Einkommen richtet.

Der äußerst vielfältige Kreuzfahrtmarkt bietet mittlerweile Produkte an, die zu sehr unterschiedlichen Kundengruppen

Linke Seite
In der Antarktis hat sich der Tourismus erst ab den 1960er-Jahren entwickelt. Seit der Unterzeichnung des Antarktisvertrags sind die großen Passagierschiffe dort verschwunden, und die Region ist geradezu ein Vorbild ökotouristischer Entwicklung. Die *Crystal Symphony* der Crystal Cruises in der Antarktis, nahe King George Island.

Folgende Doppelseite
»Willkommen an Bord!«, Bucht von Funchal, Madeira. Die *Monte Pascoal* der Hamburg Süd machte im Juli 1933 eine Atlantikkreuzfahrt (Portugal, Spanien, Marokko).

Nach den Luxuskreuzfahrten des 19. Jahrhunderts, den eher volkstümlichen Kreuzfahrten der 1920er- und 1930er-Jahre und den sportlichen Abenteuern der Jahre zwischen 1940 und 1960 hat sich im 21. Jahrhundert in Norwegen und vor allem in der Arktis ein Tourismuszweig mit Expeditionsreisen auf kleineren Schiffen entwickelt. Das komfortable Expeditionsschiff *Hanseatic* der Hapag-Lloyd ankert in der Diskobucht an der Westküste Grönlands.

passen: Das Niedrigpreis-Segment ist auf den kleinen Geldbeutel zugeschnitten und bietet bis zu sechstägige Kreuzfahrten, vor allem im Mittelmeer, auf Schiffen mit bescheidener Ausstattung an. Das sehr beliebte, weil für Familien mit Kindern geeignete mittlere Preissegment ist gekennzeichnet durch immer größere Schiffe mit farbenfroher bis bunter Inneneinrichtung. Die Schiffe fahren drei bis sieben Tage in die Karibik, nach Alaska, ins Mittelmeer und zu den Atlantischen Inseln. Das Premiumangebot richtet sich mit vielen Landausflügen und Entdeckungstouren an Stammgäste, die es bevorzugen, auf kleineren Schiffen mit dezenterem Ambiente zu reisen. Die Luxusklasse schließlich bietet Kreuzfahrten von mehr als zehn Tagen an, bei denen die Anlaufhäfen eine ebenso große Rolle spielen wie die (sehr umfassenden) Serviceeinrichtungen, mit stilvollem Interieur, weniger Passagieren, mehr Platz und zahlreichen Kabinen mit Balkon zum Meer …

Während heute die Karibik als attraktivstes Reisegebiet gilt – über die Hälfte der Kreuzfahrttouristen wollen dorthin –, hat auch der Mittelmeerraum, in dem die Zielhäfen eine größere Rolle spielen als anderswo, seit zehn Jahren ein beachtliches Wachstum zu verzeichnen und lässt den Atlantik hinter sich. Da angenommen wird, dass das Mittelmeer in den kommenden Jahren das größte Wachstumspotenzial aufweist, investieren dort die größten Reedereien und kaufen, bauen oder bewirtschaften Kreuzfahrtterminals. Auch der Reichtum der Kulturen und Naturlandschaften Lateinamerikas ist vielversprechend für die Veranstalter, die stets auf der Suche nach neuen Destinationen sind. Schließlich locken noch Südasien, der Südpazifik, der Mittlere Osten, der Persische Golf, Südafrika und der Indische Ozean. Diese Ziele werden in den nächsten Jahren wohl der Karibik den Rang ablaufen. Nicht zuletzt die Auswirkungen des 11. September 2001 haben dazu geführt, dass man sich wieder mehr der »Binnenschifffahrt« zuwandte und auch nahe bei den USA gelegene Ziele wie Mexiko oder Alaska anlief. Außerdem wurden Expeditionskreuzfahrten in die Polarregionen, Antarktis wie Arktis, entwickelt, die begeistert angenommen werden.

In dem Bewusstsein, dass Kreuzfahrten eine erhebliche Belastungen für die Umwelt, vor allem für die gefährdeten Ozeane, mit sich bringen, begannen die Reeder darüber nachzudenken, wie sie ihre Schiffe umweltverträglicher machen können, insbesondere bei der Planung der nächsten Schiffsgeneration. Schon jetzt verwendet Carnival nur noch biologisch abbaubare Reinigungsmittel; Holland America hat Toiletten und Duschen mit geringem Wasserverbrauch einbauen lassen. Manche Schiffe sind mit Anlagen zur Wasseraufbereitung und Abfallverwertung sowie zur Reduktion des CO_2-Ausstoßes ausgerüstet. Die Motoren der *Oasis of the Seas* weisen Abgasreinigungssysteme auf, die den Ausstoß von Schwefeldioxid unterbinden und den von Kohlendioxid um 20 Prozent reduzieren; zudem verbrauchen sie 25 Prozent weniger Treibstoff als vergleichbare Schiffe … Bei der Planung der nächsten Kreuzfahrtschiffe gilt es Veränderungen durch die globale Erwärmung zu berücksichtigen: mehr Tropenstürme, Flutwellen und Orkane in der Karibik, eine längere Hochsaison auf der Ostsee usw.

Erfunden wurde sie Ende des 19. Jahrhunderts, richtig organisiert vor dem Ersten Weltkrieg, weiterentwickelt in den 1920er- und 1930er-Jahren, fast eingestellt in den 1950er-Jahren und gerettet in den 1970er-Jahren: Die Kreuzfahrt hat sich immer wieder Veränderungen angepasst. Sie spricht die Sehnsucht nach Freiheit, die Fantasie und den Sinn für Geschichte an, und sie bietet eine Erfahrung jenseits des Alltags.

»Ah, es ist wunderbar, auf Kreuzfahrt zu gehen und mit leichter Seele in andere Gefilde zu reisen«, sang Yvon Jeanclaude in den 1940er-Jahren. »Um ein bisschen zu flirten, eignet sich nichts so gut wie eine Reise; man mag sich noch lieber mit Blick auf eine Küste. Die Luft ist so rein, und Sie sind so schön! Die Liebe, ja gewiss, die Liebe ruft uns. Genießen wir beide dieses vergängliche Glück. Auf Kreuzfahrt zu gehen, ah, das ist wunderbar.«

A
MEDITERRANEAN
CRUISE
de Luxe

MITTELMEER
KREUZFAHRT
ORIENT

Zurück zu den Quellen: Kreuzfahrten im Mittelmeer

Vorhergehende Seiten
Umschlag einer Broschüre der Frank Tourist Company zu ihrer fünften jährlichen Mittelmeerkreuzfahrt von New York aus im Januar 1927. Seit seiner ersten Kreuzfahrt im Januar 1923 charterte das New Yorker Touristikunternehmen ausschließlich die *RMS Scythia*, einen Nachkriegs-Passagierdampfer der neuen Generation der Cunard Line.
Vignette: Auf der Terrasse des Mena House Hotels, am Fuß der Pyramiden von Gizeh, 1930er-Jahre.

Linke Seite und oben
Athen, 1930er-Jahre: Passagiere einer von der P&O veranstalteten Mittelmeerkreuzfahrt vor den Propyläen der Akropolis.
Vignette: Die Ausgrabungen von Pompeji, um die Mitte des 18. Jahrhunderts obligatorische Station auf der »Grand Tour« des europäischen Adels, waren seit dem Ende des 19. Jahrhunderts eines der klassischen Ziele der Mittelmeerkreuzfahrten. Portikus des Forums in Pompeji, Photochromdruck, um 1900.

Eine moderne Bildungsreise mit zahlreichen Stationen

»Die mediterrane Welt«, schrieb der Historiker Fernand Braudel 1966, »das sind […] tausend Dinge auf einmal: nicht eine Landschaft, sondern unzählige Landschaften; nicht ein Meer, sondern eine Folge von Meeren; nicht eine Zivilisation, sondern mehrere übereinandergeschichtete Zivilisationen. Das Mittelmeer ist lange schon ein Schnittpunkt verschiedener Welten. Seit Jahrtausenden strömt hier alles zusammen, wirbelt die Geschichte durcheinander und bereichert sie […].«

Umgeben von mehreren Bergketten, die bis ins Wasser vorstoßen und Halbinseln, Vorgebirge und große, für die Schifffahrt günstige Buchten bilden, reich gesegnet mit Inseln in allen Größen und gesäumt von vielerlei Ländern, ein Verbindungsmeer an der Schnittstelle von drei Kontinenten und vier Weltkulturen – der römisch-katholischen Welt, der Welt des Islam, der jüdischen und der griechisch-orthodoxen Welt – ist das Mittelmeer der ideale Ort für eine Kreuzfahrt. In Abwandlung eines Ausspruchs von Paul Morand, dem »Reisenden durch Leben und Landschaften«, könnte man sagen: So wie das Mittelmeer den Seefahrer von einem Vorgebirge zum anderen leitet, führt es den Kreuzfahrtreisenden von einer Überraschung zur anderen. Kaum ein französischer Schriftsteller hat das Reisen als moderne Lebenskunst besser beschrieben.

Nach dem Vorbild der klassischen »Grand Tour« oder »Kavalierstour«, der obligatorischen Bildungsreise der Söhne des europäischen Adels und des wohlhabenden Bürgertums, aber auch der »Orientreise« der Romantik war das Mittelmeer Ende des 19. Jahrhunderts das erklärte Ziel der ersten Vergnügungsreisen zur See. Jahrhundertelang hatten die christlichen Pilger auf ihren Reisen ins Heilige Land dieses Meer befahren. Und nicht weniger verlockend erschien es den Pionieren des internationalen Tourismus – in England Henry Gaze und Thomas Cook, in den USA Frank C. Clark, Raymond & Whitcomb und American Express –, nur dass die von ihnen veranstalteten Gruppenreisen nicht auf religiöse Erbauung, sondern auf schnöden Gewinn abzielten. Die angelaufenen Orte spielten eine entscheidende Rolle, zeugten sie doch vom Sinn des jeweiligen Veranstalters für die ausgesprochen reiche und komplexe Geschichte dieses Raumes.

Die ersten Kreuzfahrten führten zu den Pyramiden, zum Beispiel jene, welche die Peninsular and Oriental Steam Navigation Company, kurz P&O genannt, im Jahr 1844 mit mehreren Dampfern unternahm. Außerdem schiffte man sich zur Fahrt ins Heilige Land ein, so bei der ersten amerikanischen Vergnügungsreise, die 1867 von dem Prediger Henry Ward Beecher mit der *Quaker City* organisiert

Links
An Bord der *Monte Pascoal* der Hamburg Süd, zwischen Hamburg und Funchal (1933).

Oben
Das Deck der *Fürst Bismarck* der Hapag, Illustration auf einer Speisekarte von 1901.

Rechte Seite
Kabine einer Suite auf dem A-Deck der *Mauretania*, des legendären Transatlantikliners von Cunard. Das 1906 in Dienst gestellte, später weiß gestrichene Schwesterschiff der *Lusitania* machte 1923 eine Kreuzfahrt ins Mittelmeer; nach einem erneuten Umbau 1928 war es fast nur noch für Vergnügungsreisen im Einsatz.

Folgende Doppelseite
Kleine Auswahl zum Thema Nordafrikakreuzfahrten: Albumseiten über Algier von einer Kreuzfahrt auf der *Arandora Star* 1930, über Tétouan, Marokko, von einer Kreuzfahrt auf der *Duchess of Richmond* 1935, ein Prospekt »Frühjahrskreuzfahrten« der Canadian Pacific (1936) und ein Kofferaufkleber des Majestic-Hotels in Tunis.

wurde. Von den schon im Altertum so genannten Säulen des Herakles bis zur Küste Palästinas zeichnete sich allmählich eine Route ab, die Anfang des 20. Jahrhunderts klassisch wurde, auch wenn meist nur eine Auswahl der nachfolgend genannten Landziele angelaufen werden konnte: Madeira (Funchal) oder die Azoren – je nachdem, ob das Schiff von Nordamerika oder von Nordeuropa kam –, anschließend Gibraltar, Algier, Valletta, Alexandria (Kairo), Jaffa (Jerusalem), Beirut (Damaskus), Smyrna (Ephesos), Istanbul, Piräus (Athen), Venedig, Messina und Palermo, Neapel (Rom, Florenz), Ajaccio, Genua oder Villefranche-sur-Mer (Monte Carlo, Nizza, Menton) und Málaga (Granada).
Während die Zwischenstopps heutzutage auf einen kurzen Landgang von ein paar Stunden bis zu einem Tag begrenzt sind, hatte man in der klassischen Zeit der Kreuzfahrt zwischen 1890 und 1939 die Gelegenheit, bei den Ausflügen, die man wahlweise buchen konnte, ausgiebig in die jeweilige Umgebung »einzutauchen«.
Anfang des 20. Jahrhunderts dauerten die Mittelmeerkreuzfahrten mit der *Fürst Bismarck* der Hapag, der *La Touraine* der Compagnie Générale Transatlantique oder der *Celtic* der White Star Line mitunter länger als zwei Monate, sodass die Schiffe in jedem Anlaufhafen mehrere Tage pausieren konnten: Vier bis fünf Tage waren für die Besichtigung von Athen, Konstantinopel und Jerusalem eingeplant, eine Woche für Neapel und Italien und zwölf Tage für Ägypten und die Exkursionen auf dem Nil … In den 1960er-Jahren setzte die *Caronia* von Cunard diese Tradition bei ihrer Frühlingskreuzfahrt fort, die 37 Tage dauerte und dabei einer quasi unveränderlichen Route folgte: Funchal, Gibraltar, Tanger, Valletta, Alexandria, Beirut, Haifa, Piräus, Catania und Messina, Neapel, Villefranche-sur-Mer, Barcelona, Málaga, Lissabon, Cherbourg und Southampton.

Von Funchal bis Algier: Allmähliche Annäherung an den Orient

Reisen wir mit den Passagieren der *Fürst Bismarck*, die am 6. Februar 1894 unter den Klängen des von der Bordkapelle gespielten »The Star-Spangled Banner« in New York ablegte, zu einigen legendären Stationen. Die Kreuzfahrt begann, lange bevor der Dampfer das Mittelmeer erreicht hatte. 650 amerikanische Passagiere, die alle *Die Arglosen im Ausland* von Mark Twain im Kopf hatten, brachen zu einer zweimonatigen Reise auf. Obgleich der Dampfer der Hapag als einer der luxuriösesten seiner Zeit gelten kann, waren die Kabinen noch klein, wie William M. Hoyt, ein wohlhabender Lebensmittelgroßhändler aus Chicago, bemerkt: »Ich werde nie den verzweifelten Blick meiner Gattin vergessen, als sie ihre Kabine betrat und sich auf ihre 60 x 180 Zentimeter große

Souks.
CANADIAN PACIFIC

CALLE DEL COMERCIO
GRAND CAFE BAR DE LA BOURSE
ND CAFE BAR DE LA BOURSE
1-35
ajestic
TUNIS

ALGER

Linke Seite
Auf Reede vor Algier: Ausschiffung der Passagiere vom Liniendampfer des Norddeutschen Lloyd, *Kaiser Wilhelm II.*, um 1892. Mit diesem Dampfer wurde die erste deutsche Kreuzfahrt (1890, nach Norwegen) veranstaltet. Er wurde Anfang des 20. Jahrhunderts in *Hohenzollern* umbenannt und unternahm im Frühjahr 1904 eine Kreuzfahrt im Mittelmeer.

Unten
Funchal: Eine an einer langen Holzstange befestigte und von zwei Männern getragene Hängematte war ein Transportmittel, das seit dem 17. Jahrhundert von der portugiesischen und englischen Aristokratie genutzt wurde. Fotografie einer Kreuzfahrttouristin der *Monte Pascoal*, 1933.
Vignette: Plakat von Ottomar Anton für die Reederei DAL (Deutsche Afrika-Linien), die um 1935 für ihre Seereisen ins Mittelmeer und zu den Kanarischen Inseln warb.

Folgende Doppelseite
Irgendwo zwischen Madeira und Gibraltar: Festlicher Abend an Bord der *Roma*, eines Transatlantikschiffs im Liniendienst Genua–New York. Es gehörte zuerst der Navigazione Generale Italiana und ging 1932 an die neue staatliche Reederei Riuniti Società Italia über. Mit dem von Thomas Cook, American Express und Raymond & Whitcomb gecharterten italienischen Passagierdampfer wurden bis 1939 Mittelmeerkreuzfahrten durchgeführt: Von New York aus wurden in rund 50 Tagen etwa 20 Stationen in einem Dutzend Länder angelaufen.

Schlafkoje legte, wobei sie mir sorgenvoll zu bedenken gab: ›Stell dir mal vor, zwei Monate an Bord mit einem solchen Bett!‹«
Zu dieser Jahreszeit fand die Abfahrt fast immer bei Schneegestöber und aufgewühlter See statt. Das Schiff wich bisweilen vom Kurs ab, insbesondere in Richtung Bermuda, um den Atlantik unter besseren Wetterbedingungen zu überqueren. Im Durchschnitt erschienen die Passagiere erst nach vier Tagen zu den Mahlzeiten. So lange brauchten sie, um die Seekrankheit zu überwinden. Wenn der Ozean ruhig war, lag der deutsche Überseedampfer so ruhig im Wasser, dass »man hätte meinen können, man sei im großen Salon eines Hotels auf dem Festland«. Ein anderer Kreuzfahrtreisender, Edward S. Wilson, schwärmte, an Bord der *Fürst Bismarck* führe man »ein Fürstenleben«. »Die Mahlzeiten waren auf raffinierte Weise zubereitet, und bei den Speisen wurde nicht auf die Kosten geschaut.«
Nach einer sechs- bis siebentägigen Überfahrt ab New York und weiteren vier Tagen ab Southampton, Plymouth oder Hamburg legten die Schiffe auf einer der Makaronesischen Inseln an, zumeist den Azoren oder Madeira: Obwohl die Inseln im Atlantischen Ozean westlich der Meerenge von Gibraltar liegen, herrscht auf ihnen mediterranes Klima. Einen Vorgeschmack auf die folgenden exotischen Reiseziele bekamen die Teilnehmer beim langersehnten Aufenthalt in Funchal auf Madeira: üppige Vegetation, enge, steil ansteigende Gassen, die man ohne Anstrengung bewältigen konnte, indem man sich von zwei Männern in einer Sänfte tragen oder von zwei Ochsen in einem Holzkarren ziehen ließ. Mit einer kleinen Bahn fuhr man nach Monte hinauf, wo man die Landschaft bewundern und den im Hafen, inmitten der Altstadt, am Kai liegenden Dampfer sehen konnte. Nach einem Besuch des wunderschönen Botanischen Gartens bestand das einzige Mittel, wieder nach unten zu gelangen, darin, sich in einen der »Carros de cesto« zu setzen. Diese Korbschlitten wurden von zwei in weißer Tracht gekleideten, Gummisohlen tragenden »Carreros« gelenkt, die mit ihren Fahrgästen in halsbrecherischer Fahrt die drei Kilometer lange gepflasterte Serpentinenstraße bis zum Hafen hinunterbrausten. Geschwindigkeitsrausch garantiert! Nach einem weiteren Zwischenstopp beim Kalksteinfelsen von Gibraltar – die Kreuzfahrer staunten, dass dort jedes zweite Lebewesen ein Esel war – nahm die *Fürst Bismarck* Kurs auf Algier: der erste Kontakt mit dem Orient!
Frühmorgens fiel der Blick der Passagiere durch die Bullaugen auf die Häuser an den Hängen einer Reihe von im Halbkreis ansteigenden Hügeln, die Kais und die Laderampen. Was die Amerikaner an der »weißen Stadt« so faszinierte, war die in ihren Augen gelungene Mischung von Orient und Okzident. Sie fanden dort eine Art Paris mit schönen Fassaden und hell erleuchteten Schaufenstern, aber auch von Olivenbäumen, Palmen, Weiden, Zedern und üppigen Orangenbäumen gesäumte Straßen

vor. In den Cafés saßen Damen und Herren, die nach dem neuesten Pariser Chic gekleidet waren, und »Araber« im malerischen Burnus …

Nur wenige Kreuzfahrttouristen wagten sich allerdings in die engen, finsteren Gassen der Kasbah. Dennoch lernen sie in den Basaren Ben Ali und Ben Turki das Ritual des Feilschens kennen – ein Hocker wird angeboten, Kaffee, gefolgt von einer Zigarette, endloses Palaver, dazu die scheinbare Gleichgültigkeit des Händlers, der auf ein Angebot wartet – eine Erfahrung, die den Reisenden sehr hilfreich sein würde im Basar Chan el-Khalili in Kairo, im Souk al-Hamidiye in Damaskus oder im Kapalı Çarşı in Istanbul. Dort stießen sie auf die ersten »bakchich boys« und Bettler, die nachdrücklich ein Geldstück verlangten, eine typische Szene in den Ländern des südlichen Mittelmeerraums. Wer Glück hatte, wurde eingeladen, den Palast des Gouverneurs und seine Gärten zu besichtigen, während andere sich in die Geheimnisse des »Bauchtanzes« und ähnlicher verführerischer Darbietungen einweihen ließen.

Nachdem die Kreuzfahrtreisenden in Ajaccio Station gemacht hatten, um das Geburtshaus Napoleons zu besichtigen, dann in Genua, wo sie mit der Eisenbahn weiterfuhren, um im Kasino von Monte Carlo ein paar Dutzend Dollar zu verlieren und sich anschließend in Nizza umzusehen, fuhr das Schiff weiter zu den am meisten ersehnten Zielen der Kreuzfahrt, nach Ägypten und ins Heilige Land.

Oben
Die 25 Meter hohe Säule aus rotem Assuangranit, die alle Kreuzfahrer bei der Ankunft im Hafen von Alexandria erblickten, wurde Ende des 3. Jahrhunderts n. Chr. zu Ehren des Kaisers Diokletian errichtet. Seefahrern diente sie lange Zeit als Landmarke. Fotografie von Bonfils, Ende des 19. Jahrhunderts.

Rendezvous mit der Geschichte

Meistens erwachten die Passagiere sanft im Hafen von Alexandria und blickten von ihrer Kabine aus auf die Halbinsel Pharos und die Pompeiussäule. Da bei der Kreuzfahrt der *Celtic* 1902 starker Seegang herrschte, dauerte die Ausschiffung der 400 Koffer ins Flachboot so lange, dass die Passagiere ungeduldig wurden. Kapitän Lindsay beschloss, sie einen nach dem anderen, auf Stühlen sitzend und an Trossen festgebunden, hinunterzulassen. Man brauchte zwei Stunden, um 160 Passagiere vom Schiff ins Boot zu hieven … Die anderen kletterten die Strickleiter hinunter. Als sie am Bahnhof ankamen, fuhr kein Zug mehr. Sie mussten 23 Stunden warten, bis ein Sonderzug die ersten 200 Fahrgäste aufnahm … die übrigen mussten auf den nächsten warten!

Zurück zu den Passagieren der *Fürst Bismarck*: Nach vier Stunden Fahrt im »Schnellzug« trafen sie in Kairo ein und wurden auf die verschiedenen Hotels der Stadt verteilt. Wer seine Ruhe haben wollte, zog einen der beiden ehemaligen Paläste des Khediven Ismail Pascha, Gherizeh Palace oder Mena House am Fuß der Pyramiden dem umtriebigen Shepheard Hotel vor, das hauptsächlich deshalb interessant war, weil es mitten in der Stadt lag. Es folgte eine Besichtigung nach der anderen, mitunter bei eisiger Kälte, von der die Amerikaner überrascht wurden und sich genötigt sahen, Winterkleidung anzulegen: Moscheen, Universitäten, Koranschulen, das Museum für altägyptische Kunst, Ausflüge nach Memphis und Sakkara, eine Kreuzfahrt auf dem Nil …

Unten
Flusskreuzfahrtschiffe vor dem ptolemäischen Doppeltempel von Kom Ombo am Nilufer südlich von Luxor. Dieser Ausflug wurde bereits 1902 im Rahmen einer Kreuzfahrt mit der *Celtic* angeboten.

Rechte Seite
Heute ist es verboten, auf die Große Pyramide von Gizeh zu klettern. Für ein paar Shilling fanden sich genügend helfende Hände, die bei dem eher anstrengenden als schwierigen Aufstieg halfen. Die Spitze der Großen Pyramide war, wie der Usborne-Reiseführer berichtet, so dicht mit Graffiti übersät, »dass es für neu Hinzugekommene schwierig war, eine freie Stelle für ihren Namen zu finden«. Um 1920.
Vignette: Prospekt der Hamburg Süd von 1935. Titelseite von Ottomar Anton.

llige HAMBURG-SÜD
ittelmeerreisen 1935
von RM 180.- an
RG-SÜDAMERIKANISCHE DAMPFSCHIFFFAHRTS-GESELLSCHAFT

An Bord der Monte Pascoal

Die fünf nahezu baugleichen Passagierschiffe der Hamburg Süd, die zwischen 1924 und 1930 vom Stapel liefen, die sogenannte *Monte*-Klasse, trugen den Namen von Bergen in Südamerika. Ursprünglich beförderten sie Auswanderer aus Deutschland nach Brasilien und Argentinien. Mit den *Monte*-Schiffen führte die deutsche Reederei ihre »volkstümlichen« Kreuzfahrten zu moderaten Preisen ein. Die 1930 in Dienst gestellte *Monte Pascoal* machte vom 8. bis zum 29. Juli 1933 ihre vierte Kreuzfahrt und zugleich ihre erste Vergnügungsreise zu den Atlantischen Inseln (Azoren und Madeira), Marokko und der Iberischen Halbinsel. Der anonyme Fotograf ließ seine elf Agfa-Filme von der Berliner Photohandlung Franke & Co. am Kurfürstendamm entwickeln. Deren Inhaber Paul Franke war 1920 Mitgründer des Unternehmens, das die Kameramarke Rollei entwickelte.

Von links nach rechts und von oben nach unten
Verwandte und Freunde verabschieden die *Monte Pascoal* beim Auslaufen aus dem Hamburger Hafen. Zu dem 1930 im Auftrag der Hamburg Süd gebauten Ponton östlich der St. Pauli-Landungsbrücken gelangten die Fahrgäste über eine überdachte Fußgängerbrücke, die Überseebrücke.

Sonniges Wetter begünstigt das Dolce far niente in den bequemen Liegestühlen aus gestreiftem Segeltuch auf dem Oberdeck.

Auf dem Promenadendeck spielt die Bordkapelle.

Die *Monte Pascoal* auf Reede vor Funchal, Madeira, dem ersten Anlegehafen der Kreuzfahrt.

Wer den »Bomboteiros« entkommen war, die den Dampfer gleich bei seiner Ankunft in der Bucht von Funchal enterten, um ihre Stickereien und andere Produkte des einheimischen Kunstgewerbes feilzubieten, konnte die Insel trotzdem nicht ohne ein Souvenir wieder verlassen.

Von links nach rechts und von oben nach unten
Am schwarzen Sandstrand von Praia Formosa, westlich der Hauptstadt Madeiras.

Landgang in Casablanca. Omnibusse warten auf die deutschen Passagiere, um sie nach Rabat zu bringen.

Besichtigung des spanisch-maurischen Gartens der von den Almohaden befestigten Stadt, der Kasbah des Oudaïas, in Rabat.

Bad in der Menge in der Rue Souika, die vom Hafen in die Medina von Rabat führt.

Ausfahrt des Fürsten Moulay Hassan Ben el Mehdi, Kalif von Tétouan, auf dem Versammlungsplatz (Méchouar). Die Kreuzfahrt-passagiere der *Monte Pascoal* sehen voller Bewunderung zu.

Von links nach rechts und von oben nach unten
Erinnerungsfoto auf dem Meer, zwischen Tanger und Andalusien.

In den Gärten des Alcázar von Sevilla.

Kleine Pause, um die berühmten »Mantecados«, ein andalusisches Gebäck, zu kosten.

Das extravagante, in Ocker und Rot erstrahlende Märchenschloss Palácio Nacional da Pena in Sintra, Portugal.

Die Offiziere der *Monte Pascoal* während der Rückfahrt von Lissabon nach Hamburg.

Linke Seite
Petra, Jordanien: Nach einer halben Stunde Fußmarsch tauchte am Ausgang des Siq, einer engen Felsschlucht, die Fassade des Khazne al-Firaun auf. Das »Schatzhaus des Pharao« war in Wirklichkeit ein aus dem Fels gemeißelter Grabtempel. Autochrom, 1. Hälfte 20. Jahrhundert.

Rechts
Vor der Küste Jaffas liegt dicht unter der Wasseroberfläche eine für Schiffe gefährliche Felsenbank. Daher konnten die Kreuzfahrtschiffe nicht in das Hafenbecken fahren, sondern mussten weiter draußen in tieferem Wasser ankern. Die Passagiere wurden mit großen Barken an Land gerudert. Handkolorierte Glasplatte, 1. Hälfte 20. Jahrhundert.

Unten
Das 1931 eröffnete King David Hotel am Eingang zur Altstadt von Jerusalem bot den ausländischen Besuchern, die sich bislang mit zweitklassigen, manchmal spartanischen Unterkünften begnügen mussten, Leistungen nach internationalem Standard. Kofferaufkleber, 1930er-Jahre.

Bei den Pyramiden gab die Ankunft von Touristen stets Anlass zu einer Drängelei unter den Einheimischen. Um die Aufmerksamkeit auf sich zu ziehen, riefen die Kinder »Good Melikan gentleman!«, »Yankee Doodle, come to town!« und verlangten »bakchich« von ihnen, noch bevor sie ihnen auch nur den kleinsten Dienst erwiesen hatten. Trotz der wertvollen Erfahrungen, die sie in Algier gesammelt hatten, begriffen die Kreuzfahrttouristen nicht immer die Regeln des Handelns auf ägyptische Art: Es kam vor, dass ihnen Händler von Skarabäus-Amuletten hinterherrannten und forderten, ein zweites Mal bezahlt zu werden, und bisweilen kam es sogar zu Handgreiflichkeiten.

Während die *Fürst Bismarck* wieder auslief, um nach Jaffa, ihrem nächsten Zwischenhafen, weiterzufahren, verbreitete sich auf dem Schiff ein merkwürdiges Gerücht: Ein Arzt aus Buffalo habe eine junge Ägypterin gezwungen, mit an Bord zu kommen, und sie im Laderaum eingesperrt, ohne ihr etwas zu essen zu geben. Eine Delegation von besorgten Passagieren verlangte eine Erklärung von ihm.

»Ich fürchte, Sie kommen zu spät«, gab er milde lächelnd zur Antwort, »etwas zu essen würde ihr nichts mehr nützen: Sie ist seit 3000 Jahren tot!« Die Passagiere ließen sich schließlich davon überzeugen, dass der Arzt nur eine Mumie gekauft hatte, die er der Medizinischen Gesellschaft von Buffalo mitbringen wollte, deren Präsident er war …

Die Landung in Jaffa, dem Hafen Jerusalems, war seit jeher recht gefährlich. Gegen die offene, von einer Felsen- und Korallenbank dicht unter der Wasseroberfläche gesäumte Küste läuft fast immer eine starke Brandung an, die die großen Schiffe dazu zwingt, weit draußen im Meer zu ankern. Um an Land zu gelangen, mussten die Passagiere vom Fallreep in große Barken springen, wo sie von den Ruderern aufgefangen wurden. Auf dem Rückweg musste man nicht selten mehrere Stunden warten, bis das Meer sich beruhigt hatte, damit die Kreuzfahrer wieder ihr Schiff besteigen konnten.

In die Heilige Stadt fuhr man mit dem Zug. Die Touristen fanden alles ziemlich schmutzig, aber der Atem der biblischen Geschichte wehte sie an. In mehrere Gruppen aufgeteilt, unternahmen sie Besichtigungstouren zu den bedeutenden Orten des Alten und Neuen Testaments: Jerusalem, Bethlehem, Jericho, Nazareth. Begleitet wurden sie dabei von in syrische Tracht gekleideten Dragomanen, zumeist christlichen oder jüdischen Reiseführern und Dolmetschern, die Türkisch, Hebräisch, Arabisch, Französisch und Englisch sprachen, sowie einer kleinen mit Säbeln und Pistolen bewaffneten Eskorte. Sie spazierten zum Ölberg, badeten im Toten Meer und füllten Wasser aus dem Jordan in Fläschchen ab, während sich Scharen von russischen Pilgern, zur Hälfte untergetaucht, von einem Popen taufen ließen.

Bei der Kreuzfahrt der *Celtic* im Jahr 1902 hielt die an Bord gegründete Freimaurerloge mehrere rituelle Arbeiten in der Zedekia-Höhle ab, die damals »König Salomons Steinbrüche« genannt wurde.

Die Kreuzfahrtpassagiere mussten mit primitiven Unterkünften in bescheidenen Herbergen, Klöstern oder großen nummerierten Zelten vorliebnehmen und sich oftmals mit wesentlich einfacheren Mahlzeiten begnügen als an Bord.

Von Konstantinopel bis Athen

Nach einem Aufenthalt in Smyrna, der von der enttäuschenden Besichtigung des Tempels der Artemis in Ephesos geprägt war – von dem, was eines der Sieben Weltwunder gewesen war, standen nur noch Ruinen –, fuhr der Dampfer durch die Dardanellen in Richtung Marmarameer. Die Ankunft der Kreuzfahrtschiffe in Konstantinopel, das 1930 zu Istanbul wurde, war »ein Glücksfall für den Orient«. Denn vor dem Anlegen zogen in der Regel sämtliche Preise deutlich an. »Wie sonst hätten die überquellenden Verkaufsstände – reihenweise Schätze aus Persien, Indien und den Inseln – leer werden sollen?«, fragte sich ein William M. Hoyt 1894.

Eine Menge von Schaulustigen fand sich am Galatahafen ein, um bei der Ausschiffung der Passagiere der *Fürst Bismarck* zuzusehen. Die Belegung der am Kai wartenden Pferdedroschken löste zwischen den Mitarbeitern der konkurrierenden Firmen Thomas Cook und Henry Gaze, den beiden mit dem Ausflugsprogramm betrauten Reisebüros, einen Streit aus, der fast in eine Schlägerei ausgeartet wäre. »Die eine Firma«, so hieß es, »hatte eine bestimmte Anzahl an Droschken reserviert, die von der anderen aufgrund eines höheren Angebots abgekauft worden waren; das führte zu einem heillosen Durcheinander, bei dem ein Großteil der Bevölkerung Konstantinopels mit unverhohlener Neugier zuschaute.«

Am Anfang des Landgangs stand eine Besichtigung der Hagia Sophia. Dort hatten die Touristen mit großen Filzschuhen zu kämpfen, die sie über ihren eleganten Stiefeletten tragen mussten, um die Moschee betreten zu dürfen, ohne die Schuhe auszuziehen. Anschließend verteilten sie sich in der Stadt. Mit seinen farbigen Holzhäusern kam ihnen Konstantinopel windschief, alt und wurmstichig vor, aber fasziniert verfolgten sie, wie sich immer wieder Gespanne, Pferde, Fes tragende Fußgänger, Esel und Hunde zu gewaltigen Stockungen zusammenballten, die sich irgendwann wieder wie von selbst auflösten. Horden von mit Narben bedeckten Vierbeinern, Mischlinge aus Wolf und Schakal,

Unten
Die von einer britischen Firma gebaute (dritte) Galatabrücke, die das Goldene Horn in Konstantinopel überspannt, ruhte auf 24 Pontons. Ihre Benutzung war auch für Fußgänger mautpflichtig. Zu bestimmten Uhrzeiten wurde der rege Verkehr unterbrochen und ein Abschnitt von Schleppkähnen geöffnet, damit die Schiffe passieren konnten. Photochromdruck, um 1900.

Rechte Seite
Fotoalbum von einer Griechenlandreise des amerikanischen Globetrotters und Fotografen Frank G. Carpenter, 1923. Auf dieser Seite sieht man die Anlegestelle der Kreuzfahrtschiffe in Piräus, eine Besichtigung des Parthenon und eine Wache in Evzonen-Uniform vor dem Athener Stadtschloss, der Residenz der Königlichen Familie, das 1929 zum Parlamentsgebäude wurde.
Vignette: Titelseite eines Prospekts der schwedischen Reederei SAL für eine ihrer langen Frühlingskreuzfahrten im Mittelmeer (vom 8. März bis zum 27. April 1960) mit der luxuriösen *Gripsholm* (1957). Die Gestaltung wirkt italienisch und skandinavisch zugleich.

Folgende Doppelseite
Die Passagiere des 13. Decks der 2008 von Sophia Loren getauften *MSC Poesia* eilen nach Steuerbord, um einen Blick auf den Markusplatz zu erhaschen. Wenn die riesigen Kreuzfahrtschiffe ins nur 100 Meter vom Dogenpalast entfernte Becken von San Marco einfahren, lösen sie Strömungen aus, die die Gebäudefundamente ausschwemmen, und stellen eine weitere Gefahr für das Weltkulturerbe der Lagune von Venedig dar. Daher hat die UNESCO ein Ende der Küstenfahrten gefordert.

1476. Where passengers are brought ashore in small rowboats from the big liners in the harbour of Pireaus.

Linke Seite
Ein Passagierdampfer verlässt den Golf von Neapel, im Hintergrund der Vesuv.

schienen die zweitgrößte Bevölkerungsgruppe der Stadt zu bilden und in gutem Einvernehmen mit den Menschen zu leben, da sie als Müllabfuhr und Nachtwächter fungierten. Wer ein Empfehlungsschreiben hatte, begab sich zum Palast des Protokollchefs Ahmed Ali Pascha oder bewunderte den Schatz der Sultane – Edelsteine, Juwelen, Waffen und Rüstungen, Uhren und optische Geräte – im ehemaligen Topkapı-Palast. Mit zwei Kisten Zigaretten und Bonbons, einem Geschenk des Sultans, legte die *Fürst Bismarck* ab nach Griechenland.
Staunende Begeisterung erregte Athen, das vom Hafen Piräus aus mit einem Dampfzug, einem elektrischen Zug oder auf einer mautpflichtigen Straße zu erreichen war. Der moderne Eindruck, den die Stadt machte, ihre breiten, beleuchteten und gepflasterten Straßen, ihre Gebäude aus Marmor, die Akademie und der angenehme Anblick ihrer gut gekleideten, Fes tragenden Einwohner entzückten die Passagiere der *Fürst Bismarck* ebenso wie die Sammlungen Heinrich Schliemanns oder die antiken Steine der Akropolis, die sie unter sengender Sonne besichtigten. Die griechische Königsfamilie gestattete großzügig den Zugang zu ihren Palästen und Gärten und erwies den amerikanischen oder britischen Gästen mehrmals die Ehre ihres Besuchs an Bord des Kreuzfahrtschiffs.

Unten
Reisewerbung der 1930er-Jahre mit dem Castel Nuovo in Neapel. Die Burg wurde im 13. Jahrhundert unter Karl I. von Anjou erbaut und unter der Herrschaft der Aragonesen im 15. Jahrhundert umgestaltet.

Neapel, die »pompejanischen Tänze« und der Vesuv

In Neapel, das der deutsche Dampfer nach Zwischenstopps in Messina und Palermo anlief, erlitten die Passagiere einen Schock für Nase und Augen. Die Hauptstadt Kampaniens »bot vom Meer aus einen schöneren Anblick als von innen«. Sie besichtigten gern die Barockkirchen und das [1874 eröffnete] Aquarium, doch vor allem lockten die Relikte der klassischen Antike. Man fuhr mit dem Zug nach Pompeji und besuchte nach der Rückkehr nach Neapel das Archäologische Nationalmuseum, das zahlreiche Funde aus den Ausgrabungen beherbergt. Eingeweihte fragten diskret, die Nase im Baedeker, nach Eintrittskarten für das »Gabinetto segreto«, das seit 1860 der Öffentlichkeit eingeschränkt zugänglich war, in der Hoffnung, »allerhand zu sehen zu bekommen«, etwa Öllampen in der Gestalt eines geflügelten Phallus sowie Malereien und Reliefs aus der Erotica-Sammlung des Museums. Da sich die Begeisterung der Touristen für die pornografischen Fresken und Graffiti aus

Rechts
Die »Via dei Sepolcri« in Pompeji wurde bei den ersten Ausgrabungen der antiken Stadt entdeckt. »Die Gräberstrasse ist landschaftlich der schönste Theil der Stadt«, berichtete der *Baedeker* in seinem Süditalien-Führer von 1896. Photochromdruck, um 1900.

Links
Kreuzfahrt 1951: Eine Passagierin geht wieder an Bord der *Oronsay* der Orient Line, die während eines Landgangs im 1936 in Betrieb genommenen Hafenbahnhof von Neapel vor Anker liegt.
Vignette: Kofferaufkleber aus den 1940er-Jahren.

Rechte Seite
»Höchst anziehend ist die Besteigung des Vesuvs«, meint der *Baedeker* von 1896, »sowohl wegen des erhabenen Anblicks des Kraters und seiner Umgebung, wie wegen der herrlichen Aussicht auf Land u. Meer […]. Am anziehendsten ist die Besteigung, so lange der Berg ›arbeitet‹, d.h. [Steine] auswirft …«. Auf dieser kolorierten Fotografie von Branson DeCou (zwischen 1929 und 1938) beobachtet ein Tourist, der wahrscheinlich mit der Standseilbahn gekommen ist, den aktiven Vulkan.

Pompeji und Herculaneum herumsprach, boten illegale Straßenhändler in den 1920er-Jahren Heftchen mit miserablen Reproduktionen der »besten Szenen« feil. Evelyn Waugh berichtet, dass die Passagiere der *Stella Polaris* am Hafen oder im Taxi von Leuten angesprochen wurden, die ihnen Darbietungen »pompejanischer Tänze« in Aussicht stellten: »Lauter nackte Mädchen. Sehr künstlerisch. Sehr verdorben. Sehr französisch!«, warb einer von ihnen.

Die mutigsten Reisenden kletterten die teilweise verschneiten schwarzen Hänge des Vesuvs empor, dessen Rauchwolke über dem Golf von Neapel hing. Als 1884 eine kleine Gruppe von Passagieren der *Ceylon*, die sich bis zum Kraterrand vorgewagt hatten, sich wieder zum Abstieg rüstete, enttäuscht, dass sie nicht bis zum Grund hatten sehen können, der sich im aufsteigenden Rauch verborgen hatte, schoss plötzlich eine Fontäne rot glühender Lavabrocken aus der Tiefe: »Manche fielen in den Krater zurück, manche gingen zwischen uns nieder, andere weit von uns entfernt; ein Brocken landete neben meinen Füßen, ein anderer traf einen meiner Reisegefährten am Arm, zum Glück ohne ihn zu verletzen«, erzählt der Militärarzt William Munro.

Neapel war auch der Ausgangspunkt für zahlreiche Zugfahrten nach Rom, Florenz und sogar Venedig, das man über Ragusa auch auf dem Seeweg erreichen konnte. Für die Kreuzfahrtteilnehmer der *Fürst Bismarck* war mit dem Anlaufen von Neapel auch die Stunde des Abschieds gekommen: Die meisten von ihnen hatten vor, die europäischen Hauptstädte in Eigenregie zu besuchen, und wollten später von Southampton aus mit einem Liniendampfer in die USA zurückkehren.

Nur ein paar Hundert Passagiere schifften sich in Genua zur Rückreise nach New York ein. Drei Tage nachdem man Italien verlassen und die Punta de Tarifa passiert hatte, geriet die *Fürst Bismarck* in stürmische See. »Köche und Stewards spielten sozusagen vor leerem Haus«, berichtet Edward S. Wilson. »Die Soupes Royales, Lammbraten, gebratenen Kapaune, der Rotkohl, die Butterbohnen, das Kompott, die Tartes Tivoly, die Artischocken, der Wolfsbarsch, die Eiscreme wurden mit aller Sorgfalt, ebenso reichlich und mit derselben militärischen Präzision wie in den ersten Tagen serviert.« Die zahlreichen unpässlichen Gäste zogen es allerdings vor, es an Deck mit den Sturzwellen aufzunehmen und, in Decken gewickelt, Ingwerkekse zu knabbern, oder in ihren Kabinen zu liegen und rohe Zwiebeln gegen die Seekrankheit zu kauen.

Hapag-Mittelmeerfahrten
Frühjahr 1939 mit
MS. „MILWAUKEE“
HAMBURG-AMERIKA LINIE

BECK's BEER
BECK's BEER

MILWAUKEE

Vorhergehende Doppelseite
Mittelmeerkreuzfahrt der Hapag von Genua aus, Frühjahr 1935: Die *Milwaukee* ankert vor Port Said am Nordende des Suezkanals. Das 1929 gebaute Passagierschiff wurde zunächst im Liniendienst Europa–Kanada eingesetzt; 1934 bekam es einen weißen Rumpfanstrich und wurde nach einer Verjüngungskur 1935 nur noch als Kreuzfahrtschiff verwendet.
Vignette: Prospekt für die letzte Kreuzfahrt des Dampfers in den Orient 1939.

Unten und rechts
Touristen bei der 1912 entdeckten Alabastersphinx des Neuen Reiches in Memphis, die als eine der schönsten gilt.
Vor dem Mena House Hotel: Aufbruch einer Reisegruppe mit Dromedaren zu den Großen Pyramiden, um 1933.
Vignette: Kofferaufkleber des legendären Hotels am Fuß der Pyramiden von Gizeh, um 1900.

Rechte Seite
»Neben Karnak würden alle griechischen Tempel der Akropolis zusammen wie Miniaturen aussehen«, rief ein Passagier des Kreuzfahrtdampfers *Großer Kurfüst* 1909 enthusiastisch. Osirispfeiler im ersten Hof des Tempels Ramses' III.

Seite 78–79
Luxuriöses Zeltlager in El Habis, Jordanien, zuverlässig organisiert vom Reisebüro Thomas Cook, für die Exkursion nach Petra. Unweit davon liegt der Nabatäer-Tempel Qasr al-Bint Firaun – das einzige erhaltene gemauerte Baudenkmal in der Region.

Vorhergehende Doppelseite
Die futuristisch anmutende, elegante *Splendida* der italienischen Reederei MSC Crociere (18 Decks, 1637 Kabinen), vor der Küste der Insel Stromboli.

Oben (großes Bild)
Albumseiten von einer Adriakreuzfahrt, aus den 1920er-Jahren: die Stadt Split in Kroatien, das ehemalige Spalato des Königreichs Dalmatien, das vor 1918 zur Doppelmonarchie Österreich-Ungarn gehörte.

Vom Aussichtspunkt auf dem Marjan-Berg, zu dem man über einen langen Treppenpfad gelangt, hat man einen einzigartigen Blick auf den Hafen, die Uferpromenade Riva, den Palast und den Campanile von Split.

Der Prokurative-Platz (Platz der Republik) wurde als Nachbildung der Piazza San Marco in Venedig entworfen. Er ist gesäumt von venezianischen Prokuratorenpalästen – Gebäuden im Stil der Neorenaissance, in denen Theater und Stadtverwaltung untergebracht sind – und zum Meer hin ausgerichtet. **Vignette:** Kofferaufkleber des Grand Hotel Imperial, des 1897 eröffneten ersten modernen Hotels von Dubrovnik, dem ehemaligen Ragusa.

MSC

NORDLAND
KREUZFAHRT
POLARMEER

POLAR-NORDKAP
FAHRTEN
1931

Aufbruch in die Kälte
Nordlandfahrten

Einschiffung der Passagiere der *Ceylon* nach Norwegen, Anfang der 1890er-Jahre. Der ehemalige Liniendampfer der P&O war 1881 in eine Kreuzfahrtyacht umgebaut worden.

Reisen wie der Kaiser: Im Kielwasser Wilhelms II.

Schon im 19. Jahrhundert haben Norwegens eindrucksvolle Fjorde im Sommer die Liebhaber unberührter Natur magisch angezogen. Das Land öffnete sich dem Tourismus nur schrittweise: Die Verkehrssysteme wurden ausgebaut, zunächst die Straßen, dann die Schifffahrtslinien entlang der Küste und schließlich das Schienennetz. Im Januar 1868 wurde der Norwegische Wanderverein (Den Norske Turistforening, DNT) gegründet, dessen Ziel es war, »den Fremdenverkehr in Norwegen zu erleichtern und zu entwickeln«. Es folgten bald ähnliche Vereine in Städten wie Trondheim oder Stavanger.

Die ersten »organisierten« Reisen nach Norwegen wurden von Briten durchgeführt. 1875 veranstaltete das Reisebüro Thomas Cook seine erste Kreuzfahrt dorthin und charterte den kleinen Dampfer *President Christie*, damit etwa 20 privilegierte Passagiere die Mitternachtssonne am Nordkap bewundern konnten. 1884 machte die *Ceylon*, ein Passagierdampfer der P&O, der 1881 an John Clark verkauft und für die Ocean Steam Yachting Company in ein Kreuzfahrtschiff umgebaut worden war, eine ihrer ersten Kreuzfahrten zu den »nördlichen Breitengraden«, und im Juni 1889 führte die Orient Steam Navigation Company, auch als Orient Line bekannt, mit der *Chimborazo* ihre erste Kreuzfahrt in den Norden durch.

Ende des 19. Jahrhunderts gehörten Sommerkreuzfahrten nach Norwegen bereits zu den Klassikern unter den Vergnügungsreisen – dank Kaiser Wilhelm II. Dessen Begeisterung für die urwüchsigen, unberührten Landschaften Skandinaviens erfasste bald den gesamten europäischen Adel und das Großbürgertum. An Bord seiner großen, blendend weißen Yacht *Hohenzollern II*, die 1893 in ihrem Heimathafen Kiel in Dienst gestellt worden war, reiste Wilhelm II. bis 1914 jeden Sommer nach Skandinavien, insbesondere zu den norwegischen Fjorden. Insgesamt unternahm er nicht weniger als 26 Nordlandfahrten.

Die deutschen Reedereien machten sich diese »allerhöchste« Vorliebe zunutze; so bot die Hapag ab 1894 Sommerkreuzfahrten von Hamburg aus nach Norwegen an. Man würde die Fjorde und die Mitternachtssonne bewundern und vor allem der kaiserlichen Yacht begegnen und sie grüßen! So hatten die Passagiere des ersten »schwimmenden Hotels« der Hapag, der *Auguste Victoria*, die zu diesem Anlass über die Toppen geflaggt hatte, auf dem Rückweg von Spitzbergen am 19. Juli 1898 im Hafen von Ålesund die große Freude, Seine Majestät höchstselbst willkommen zu heißen, während

Vorhergehende Seiten
Die *MSC Opera* läuft in den Geirangerfjord im Südwesten Norwegens ein, einen der längsten und tiefsten Fjorde der Welt. Die *Cuba* der Compagnie Générale Transatlantique war im Sommer 1931 das erste französische Kreuzfahrtschiff, das eine Expedition nach Spitzbergen machte. Sie erreichte den Norden der Inselgruppe Svalbard und das Packeis auf dem Umweg über Island.

Linke Seite
Plakat des Norddeutschen Lloyd (NDL), der seit 1890 Polarkreuzfahrten veranstaltete.

Oben
Passagiere der für die SAL fahrenden *Kungsholm* bewundern die verschneite Küste bei einer Kreuzfahrt zum Nordkap (1939).
Vignette: Kofferaufkleber der Hamburg Süd aus den 1930er-Jahren.

Rechte Seite
Auf hoher See: Sonnendeck der *Oceana*. Seit 1894 veranstaltete die Hapag Norwegenkreuzfahrten, nach der Unterbrechung durch den Ersten Weltkrieg jedoch erst wieder 1927 mit der *Reliance*.

sie in Gruppen von 30 bis 40 Personen die kaiserliche Yacht zu den Klängen des Bordorchesters besichtigen durften.
Bis in die 1920er-Jahre blieben die luxuriösen Seereisen nach Norwegen das Privileg des Großbürgertums: 1908 kostete eine Kreuzfahrt nach Spitzbergen um die 1200 Mark, das entsprach ungefähr dem halben Jahreslohn eines Facharbeiters. Erst in der zweiten Hälfte der 1920er-Jahre und vor allem in den 1930er-Jahren boten die deutschen Reedereien Kreuzfahrten zum Pauschalpreis auf Schiffen für 500 bis 1000 Passagiere an, sodass auch Angehörige bescheidenerer Einkommensgruppen Norwegen entdecken konnten.

Schifffahrt voller Überraschungen

Die sanften Gewässer der Fjorde sind nicht vergleichbar mit denen der Nordsee, wo die Schifffahrt zu jeder Jahreszeit schwierig sein kann, besonders im Skagerrak, das die Nordsee über das Kattegat mit der Ostsee verbindet. Im Mai 1896 war die *Général Chanzy*, ein Dampfer der Compagnie Générale Transatlantique, in Südskandinavien auf Kreuzfahrt und unterwegs in Richtung Russland, wo man an den Krönungsfeierlichkeiten des Zaren Nikolaus II. in Moskau teilnehmen wollte. Das Schiff hatte in Oslo, damals Christiania genannt, abgelegt und geriet auf dem Weg nach Helsingør in einen schrecklichen Sturm. Einer der Passagiere, Henry Haguet, berichtet: »Der heftige Lärm zuschlagender Türen, das verzweifelte Schrillen der elektrischen Alarmglocken, das beunruhigende Klirren von Gläsern und Porzellan, Koffer, die von ihrem Platz weggerissen und mit voller Wucht gegen die Kabinenwände geschleudert wurden, anrollende Sturzwellen, die sich an den Bullaugen brachen, das unheilvolle Knacken der Holztäfelung und der Metallteile bei jeder stärkeren Schwankung des Schiffs, all das hielt uns die Nacht hindurch wach. Wenn man außerdem bedenkt, dass wir mit aller Energie gegen die rhythmischen Schlingerbewegungen kämpfen und, um nicht aus der Koje zu purzeln, uns stundenlang abwechselnd an die Unebenheiten der Wand und an die hölzerne Betteinfassung klammern mussten, wobei wir wahre gymnastische Wunder vollbrachten, wird man vielleicht unsere momentane Überreiztheit verstehen, als wir uns um sechs Uhr morgens Helsingør näherten.«
Nachdem man dieser »schweren See« entronnen war, fanden es zwar die Passagiere erholsamer, in ruhigen und klaren Gewässern durch das Gewirr der Inseln zu fahren, die die Küste der Skandinavischen Halbinsel vor der Dünung schützen, aber für die Besatzung war das eine nervenaufreibende Angelegenheit. »Die Schifffahrt dort ist zwar durchaus reizvoll, doch so gefährlich und kompliziert wie kaum irgendwo auf der Welt«, meinte Jules Leclerc, der 1903 auf der *Oihonna* eine Kreuzfahrt nach Spitzbergen machte – einem Dampfer der Finland Steamship Company, der gewöhnlich auf

der Linie Stockholm–Sankt-Petersburg fuhr. Das Schiff hatte 45 Passagiere an Bord, darunter 37 Deutsche. »Der Lotse steht Tag und Nacht auf der Kommandobrücke, und unser Schicksal liegt in seiner Hand oder vielmehr in seinen Luchsaugen.«
So erfahren die Kommandanten von Passagierdampfern auch sein mochten, sobald die Küsten Skandinaviens in Sicht kamen, hissten sie lieber die Flaggensignale, damit norwegische Lotsen und Beobachter an Bord kamen, um sie abzulösen und das Schiff durch die engen Passagen zwischen den zahlreichen Riffen und Inselchen der zerklüfteten norwegischen Küste mit ihren vielen Buchten und Fjorden zu steuern. Bei der Kreuzfahrt auf der *Oihonna* diente der Mann als Lotse, der sonst die kaiserliche Yacht steuerte. Mitunter fuhr in Gebieten, die noch nicht vermessen waren, ein Erkundungsschiff dem Passagierdampfer voraus.
Dank solcher Hilfe kamen Unfälle selten vor; einer der ersten und schwersten ereignete sich 1906, als der Passagierdampfer *Île-de-France* der SGTM bei seiner zusammen mit der *Revue générale des sciences* veranstalteten Kreuzfahrt nach Spitzbergen Schiffbruch erlitt. Obwohl sich zwei norwegische Lotsen an Bord befanden und in Tromsø ein in der Navigation im Polargebiet erfahrener Eislotse dazugekommen war, beschloss der Kapitän, der sich von der guten Wetterlage und dem wenigen Eis auf dem Meer hatte täuschen lassen, weiter nach Norden in Richtung Raudfjorden zu fahren, und lief frühmorgens nahe der Mündung des Fjords auf einen Felsen.
Verzweifelt versuchte die Besatzung, das Schiff zu entlasten, indem sie tonnenweise Kohlen über Bord warf. Doch es war vergebens. Die *Île-de-France* war auf diese Weise nicht freizubekommen. Vielmehr begann sich der Dampfer wegen der Tide gefährlich zu neigen. Um die Passagiere nicht zu gefährden, wurden die 150 französischen Touristen auf der kleinen Insel Outer Norway mit Nahrungs- und Wasservorräten für wenige Tage abgesetzt.
Für sie kam die Rettung schließlich in Gestalt des deutschen Polarforschers und Journalisten Theodor Lerner, der gerade vor Nordspitzbergen als Berichterstatter auf einem Walfänger unterwegs war. Er nahm die französischen Passagiere in seinem Schiff auf. Doch auch für die *Île-de-France* endete die Havarie glimpflich. Der auf Grund gelaufene Dampfer wurde von dem eiligst herbeigerufenen niederländischen Kreuzer *Friesland* wieder in tiefes Wasser gezogen. Nach Paris zurückgekehrt, schenkten die dankbaren Passagiere ihrem deutschen Retter eine goldene Taschenuhr.
In dieser unwirtlichen Umgebung ist die Schifffahrt trotz Unterstützung durch elektronische Navigationssysteme auch heutzutage noch nicht ungefährlich. Im Juni 1989 fuhr das sowjetische Kreuzfahrtschiff *Maxim Gorkiy* im Nordmeer vor Spitzbergen bei dichtem Nebel in ein Treibeisfeld. Mit zwei Lecks unterhalb der Wasserlinie drohte das Schiff zu sinken. Die 575 Passagiere, in der Mehrzahl Westdeutsche, und ein Drittel der 379 russischen Besatzungsmitglieder wurden in die Rettungsboote evakuiert, ein paar Stunden später teils von Hubschraubern geborgen, teils vom norwegischen Küstenwachschiff *Senja* nach Spitzbergen gebracht, von wo aus sie dann zum Festland zurückgeflogen wurden.

Linke Seite
Der große Eisbrecher *Kapitan Khlebnikov*, der 1994 speziell für Expeditions-Kreuzfahrten in die Polarregionen ausgerüstet und vom amerikanischen Veranstalter Quark Expeditions gechartert wurde, ist eines der ersten Schiffe, das für Kreuzfahrten von Spitzbergen aus zur russischen Hocharktis sowie die Durchquerung der Nordwestpassage zwischen den Inseln des kanadisch-arktischen Archipels verwendet wird. Er ist außerdem das erste Passagierschiff, dem 1997 die vollständige Umrundung des Antaktischen Kontinents gelang.

Rechts
Jäger nahe der ehemaligen Walfangstation Smeerenburg an der Nordwestspitze von Svalbard (Spitzbergen) – eine Szene, wie sie die Passagiere der Kreuzfahrtschiffe in Spitzbergen gegen Ende des 19. Jahrhunderts noch erleben konnten (Photochromdruck, um 1900).
Vignette: Kofferaufkleber für eine Polarkreuzfahrt der Bergen & Newcastle Line, um 1920.

An Bord der Kreuzfahrtflotte der Hapag

1906 gab die Hapag ein Erinnerungsalbum mit Fotos von ihren rund 20-tägigen »Nordlandfahrten« heraus. Sie zeigten die Stopps und die Landausflüge nach Odde, Bergen, Ålesund, Molde, Trondheim, zum Geirangerfjord, nach Næs, Merok, Øye, Loen, Balholmen, zum Sognefjord, nach Gudvangen, Stalheim und so weiter. Darin waren auch die Schiffe abgebildet, die bis 1914 für Kreuzfahrten eingesetzt wurden: die *Auguste Victoria*, der erste Zweischrauben-Schnelldampfer Europas, die *Prinzessin Victoria Luise* (die 1906 vor Jamaika verloren ging), die *Oceana*, *Meteor* und *Blücher*. Der Einband aus geprägtem Krokodilleder im »Wikingerstil« wurde von der Werkstatt des Buchbinders und Leder-Kunsthandwerkers Georg Hulbe (1851–1917) in Hamburg angefertigt.

Von links nach rechts und von oben nach unten
Beginn der Kreuzfahrt in Edinburgh, Schottland. Die nächste Station war Island.

In der Nähe von Reykjavík, Island: Besuch des Gullfoss-Wasserfalls mit Pferden.

Am Strand der Advent Bay, Spitzbergen: Die Passagiere der *Blücher* stiegen in den Tender.

Am Kai von Hammerfest, der nördlichsten Stadt der Welt, etwas über dem 70. Breitengrad.

Am Strand von Tromsø.

Von links nach rechts und von oben nach unten
In den Gewässern vor Tromsø: Die *Prinzessin Victoria Luise* begegnet einem anderen Schiff, vielleicht der Yacht Wilhelms II.

Nach der Besichtigung des Dorfs Merok im Geirangerfjord steigen die Passagiere der *Meteor* in den Tender, der sie zu ihrem Schiff zurückbringt.

Die *Prinzessin Victoria Luise* ankert vor Næs im Romsdalsfjord.

Blick auf die *Auguste Victoria* von der norwegischen Küste aus.

Gudvangen: Ausflug mit Pferdewagen (Karriolen) nach Stalheim.

Von links nach rechts und von oben nach unten
Das zwölf Kilometer westlich von Gudvangen, an der Spitze des Nærøyfjords gelegene Stalheim Hotel wurde 1882 eröffnet.

Die *Meteor* im Hafen von Bergen.

Eine Reihe von Hotels in Odde am Hardangerfjord.

Erinnerungsfoto vor der Endmoräne des Gletschers Kjendalsbreen bei Loen im Nordfjord.

An Bord der *Meteor* im Geirangerfjord.

Folgende Doppelseite
Das Kreuzfahrtschiff *MSC Orchestra* der italienischen Reederei MSC Cruises im Geirangerfjord, der 2005 zusammen mit dem Nærøyfjord zum UNESCO-Weltnaturerbe »Westnorwegische Fjorde« erklärt wurde.

Wunderschöne Routen und Fahrtziele

Die Reisen entlang der Westküste bis zum Nordkap, die den überwiegenden Teil der Norwegenkreuzfahrten ausmachten, dauerten im Durchschnitt 16 bis 20 Tage. Dank des Nordatlantikstroms bleiben die norwegischen Häfen selbst in diesen nördlichen Breitengraden das ganze Jahr über eisfrei. Die meistbesuchte Gegend war der Küstenabschnitt zwischen Bergen und Trondheim mit seinen grandiosen Fjorden, darunter der Hardangerfjord, der Sognefjord, der Nordfjord, der Storfjord und der Moldefjord. In diesen grandiosen Landschaften spiegeln sich schneebedeckte, bis zu tausend Meter hohe Gipfel mit dunkelgrünen, tief unten malachitgrünen Reflexen in den funkelnden Gewässern. Manche Reedereien boten ihren Fahrgästen die Möglichkeit, an einem bestimmten Ort an Land zu gehen und sich mit der Kutsche, dem Automobil oder dem Zug zur nächsten Anlegestelle des Schiffs bringen zu lassen. So konnte man in Øye im Norangsfjord aussteigen und mit Karriolen, den sogenannten »Stuhlkarren« (stolkjæren), über die Berge nach Hellesylt im berühmten Geirangerfjord – dem Inbegriff des norwegischen Fjords – fahren, wo man wieder an Bord ging. Da es nur eine begrenzte Anzahl von Pferdewagen und Automobilen gab, musste man seinen Fahrschein rechtzeitig kaufen. Nicht selten warteten bei der Ankunft der Passagierdampfer der Hamburg Süd in Bergen am Kai 100 Automobile und 200 Pferdefuhrwerke auf die Touristen. In den 1930er-Jahren führte die *Oceana* der Hapag an Bord sogar ein Wasserflugzeug mit, das für Rundflüge eingesetzt wurde. Während die klassischen Kreuzfahrten nur die südlichen Fjorde anliefen, waren andere auf Polarreisen spezialisiert. Solche großen Reisen, die nach Schottland, Island und Spitzbergen führten, dauerten mitunter über 30 Tage.

Je weiter man nach Norden kam, desto mehr veränderte sich die Natur, und die Landschaften wurden immer überwältigender. Von September bis Mitte April konnte man vom Deck der Schiffe aus das Nordlicht sehen. Nachdem man die Südspitze von Hestmandö passiert hatte, gelangte man in den Polarkreis und in Sichtweite des Svartisengletschers. Die Überquerung des auf 66° 34' nördlicher Breite gelegenen Polarkreises wurde mit einer Zeremonie begangen, an der alle Passagiere teilnahmen. Unter dem scherzhaften Vorsitz des Meergottes Neptun, unter dessen Dreizack die Neulinge durchgehen mussten, nachdem sie mit eiskaltem Wasser bespritzt worden waren, endete die Zeremonie mit der Aushändigung einer Urkunde, die dem Passagier die Polarkreis-Überquerung bescheinigte.

In Tromsø macht die Mitternachtssonne im Sommer die Straßenbeleuchtung überflüssig. Im Tromsdal gehörte zum Ausflugsprogramm stets auch der Besuch eines »Lappenlagers«, in dem sich im

Oben
Erste Kreuzfahrt der *Monte Olivia* der Hamburg Süd im Juli 1927. Die Passagiere sind in Gudvangen an Land gebracht worden und fahren durchs Nærøytal bis zur Stalheimskleiva, der steil nach Stalheim hinaufführenden Straße mit ihren Haarnadelkurven, und zu den Wasserfällen von Stalheim und Sivel.
Vignette: Oben ein Plakat von Albert Fuss für die Hapag (1931), darunter eines vom Grafiker Ottomar Anton für die Hamburg Süd (1934).

Rechte Seite
Die *Braemar* der Fred Olsen Cruise Lines, einer 1848 gegründeten norwegischen Reederei, ankert im Aurlandsfjord, in der Nähe von Flåm. Der Aurlandsfjord ist ein Seitenarm des sehr tiefen, 204 Kilometer langen Sognefjords.

BRAEMAR
Fred. Olsen Cruise Lines

Basil, the Cheesemans & others at the Lapp Camp.

North Cape.

Linke Seite
Fotoalbum von einer Norwegenkreuzfahrt auf der *Atlantis* der Royal Mail Line im August 1930. Besuch des »Lappenlagers« in Lyngen, in der Umgebung von Tromsø, der für die Touristen von der Firma Thomas Cook organisiert wurde. Darunter: Feier des gelungenen Aufstiegs zum Nordkap am kleinen Obelisken, der an den Besuch König Oskars II. erinnert, aber nicht mit dem traditionellen Champagner, sondern mit Bier … »Heute gehört das Nordkap zu den Gartenwirtschaften, die gerade in Mode sind«, kommentierte Charles Rabot bereits 1898 …
Vignette: Werbemarke des NDL zu einer für 1914 geplanten Kreuzfahrt nach einem Plakat von Otto Amtsberg. Die Begegnung mit der indigenen Saami-Bevölkerung, die dem Reiseprogramm eine exotische Note gab, war einer der Höhepunkte.

Sommer stets etliche Samen-Familien aufhielten, die aus ihren Siedlungsgebieten im hohen Norden Schwedens gekommen waren. Sie stellten ihre großen Rentiere zur Schau und boten Utensilien aus Rentierknochen feil. Lange Zeit erstanden die »Nordlandfahrer« dort auch warme Winterbekleidung wie Leder- oder Schaffelljacken, imprägnierte Filzsachen, Wolfspelze und anderes mehr, aber auch gefütterte Kopfbedeckungen wie russische Chapkas, Fischermützen, Mützen mit Ohrenklappen, Kopfschützer, Pelzmützen, wasserdichte Südwester sowie Stiefel aus Seehundsfell, die auf der Fahrt durchs Eismeer von Nutzen sein sollten.

Einer der Höhepunkte einer Nordland-Kreuzfahrt war das Nordkap, die letzte Etappe vieler Programme. Auch wenn es in Wirklichkeit nicht den nördlichsten Punkt Europas darstellt – das ist Knivskjellodden rund 1,5 Kilometer weiter nördlich –, ist das Nordkap mit seinem hohen, schroffen Schieferfelsen zweifellos einer der spektakulärsten Orte dieser Erde. Bevor 1956 eine Straße gebaut wurde, auf der man mit dem Bus von Honningsvåg aus hinfahren konnte, wurden die ersten Passagiere auf einem Strand an der Südküste der Insel abgesetzt und erreichten das Nordkap-Plateau nach ein paar Stunden Wanderung über Berggrate und Felsvorsprünge. In den 1880er-Jahren wurde von der Anlegestelle in der Hornvika-Bucht im Osten aus ein Weg angelegt, ein Mittelding zwischen Pfad und Treppe (1008 Stufen), gesichert mit einem von Eisenpflöcken gehaltenen Seil, das als Geländer diente. Auf diese Weise konnten mutige Kletterer nach anderthalb Stunden beschwerlichen Aufstiegs (307 Meter mit 45 Grad Steigung) einen atemberaubenden Blick genießen.

Bei der Kreuzfahrt der *Auguste Victoria* im Juli 1898 schafften es nur 100 der 360 wild entschlossenen Bergsteiger bis zum Gipfel. Während des Aufstiegs schneite es die meiste Zeit … Als sie beim Denkmal aus Granitgestein eintrafen, das an den Besuch König Oskars II. von Schweden und Norwegen im Jahr 1873 erinnert, hatten manche, die sich mit reichlich Champagner Mut zugesprochen hatten, keinen ganz klaren Kopf mehr.

Jedenfalls wurden alle Bergsteiger mit dem außergewöhnlichen Schauspiel der Mitternachtssonne über dem Arktischen Ozean für ihre Strapazen belohnt und erhielten eine Urkunde. Diejenigen, die unterwegs aufgegeben hatten, am Strand oder an Bord des Dampfers geblieben waren, konnten sich zumindest darüber freuen, dass ihre Ansichtskarten von dem im selben Jahr eröffneten Postamt mit dem Nordkap-Stempel versehen und verschickt wurden. Es heißt, an jenem Tag hätten die 400 Passagiere der *Auguste Victoria* allein 4000 Karten geschrieben!

Rechts
Nordlicht im Dorf Nyksund, auf der Inselgruppe Vesterålen in Nordnorwegen.

Immer weiter nach Norden

Zwei Tage nachdem die Reisenden das Nordkap verlassen hatten, kündigte die vor ihnen auftauchende Bäreninsel den Süden der Inselgruppe Spitzbergen oder Svalbard (»Kühle Küste«) an, die der Polarforscher Fridtjof Nansen als »die Schwelle zur großen Eiskathedrale der Natur« bezeichnet hatte. Mitunter wanderte das Eis weiter nach Süden als gewöhnlich, wie zum Beispiel im Sommer 1907, als die luxuriöse *Vectis* der P&O nicht weiter als bis 74° 30' N fahren konnte und auf halbem Weg umkehren musste. Nur wenn Spitzbergen das einzige Ziel war, wurden für die Erkundung dieses knapp 1000 Kilometer vom Nordpol entfernten Archipels in der Regel fünf Tage angesetzt. Je nach den Witterungsbedingungen wurden die Passagiere in der Sassen Bay, Virgo Bay oder Magdalenen-Bay ausgeschifft und besichtigten die ehemalige Walfangstation Smeerenburg mit ihren Gräbern und Walknochen aus dem 17. Jahrhundert oder die 1906 von John Munroe Longyear gegründete Bergbausiedlung Longyearbyen. Der amerikanische Unternehmer war 1901 bei einer Familienkreuzfahrt auf der *Auguste Victoria* zum ersten Mal nach Svalbard gekommen.

Wer Lust dazu hatte, konnte gegen Aufpreis auch an verschiedenen Jagdausflügen in der Advent Bay teilnehmen und Rentiere, Polarfüchse, Seehunde, Walrosse, Sturmvögel oder Eiderenten schießen. Oder er konnte sich auf See als echter Walfänger fühlen. Gebucht wurden Pferde, Zelte, Waffen und die Dienste der Führer oder gar ein Walfänger samt Besatzung. An Bord der *Île-de-France* stopften Präparatoren die unterwegs erlegten Tiere aus. Die anderen Passagiere konnten die Kohleminen oder die Überreste der Basislager verschiedener Polarforscher erkunden.

Die Besichtigung einer Walfangstation am Grosfjorden oder am Bellsund war einer der Höhepunkte der Kreuzfahrt. In der Tat ersparten die Reedereien oder Reisebüros ihren Kunden nichts: Nachdem sie in Island und Norwegen (in Hammerfest) die Orte besucht hatten, an denen Kabeljau zu Stockfisch getrocknet wurde, waren sie auch hier live dabei, wateten mit ihren Stiefeln in »einer abscheulichen klebrigen, weichen Masse« herum. Riesige Wale wurden hier mithilfe einer gewaltigen Eisenkette zerlegt. Das war die traurige Erklärung dafür, dass man während der Überfahrt keinen Wal gesehen hatte. Denn schon Anfang des 20. Jahrhunderts beklagten sich Touristen, dass sie keine Wale mehr zu sehen bekämen. Entlang der Küsten der Finnmark im äußersten Nordosten Norwegens hatten sich die Meeressäuger noch durch ihre weithin sichtbaren Blasfontänen bemerkbar gemacht. Doch alles, was die »Nordlandfahrer« weiter nördlich zu Gesicht bekommen hatten, waren die Skelette im Museum von Tromsø. Denn nachdem sie so intensiv bejagt worden waren, hatten sich die Wale nach Grönland, Spitzbergen und in die Baffin Bay verzogen.

Oben links
Ein Kreuzfahrtschiff in einem vereisten Fjord in Svalbard im Abendlicht der Polarregion.

Oben rechts
Der zum Kreuzfahrtschiff *Vectis* umgebaute Australiendampfer *Rome* der P&O Line legte im Sommer 1904 in London ab zu seiner ersten Kreuzfahrt in die norwegischen Fjorde. Bis 1912 war sie das einzige Schiff der P&O, das im Rahmen von 28-tägigen Kreuzfahrten alljährlich Spitzbergen anlief.
Wenn es die Zeit erlaubte, wurden die Passagiere – hier von der *Monte Cervantes* 1926 – häufig am Bellsund oder in der Advent Bay ausgeschifft, damit sie ein paar Schritte auf dem Eis machen konnten.

Rechte Seite
Die *Lafayette* der Transat in den Gewässern von Spitzbergen, inmitten von Treibeisblöcken Mitte der 1930er-Jahre. Auch mit der *Cuba* veranstaltete die französische Reederei Sommerkreuzfahrten in den Norden. Auf ihrer ersten Reise nach Spitzbergen im Sommer 1931 war die Treibeisschicht so dick, dass der Dampfer stoppen musste und nur unter Gefahr für die Schiffsschrauben weiterfahren konnte.

EXPOSÉ DE L'ESCALE

A

BERGEN

Arrivée à Bergen samedi 24 août à midi.

Départ de l'excursion à 14 heures : Visite en auto de la ville et des environs suivant programme imprimé de l'Agence Bennett.

" L'Albertville " quittera Bergen à 22 heures.

Vendredi 23 août 1935.

OVERZICHT VAN HET OPONTHOUD

TE

BERGEN

Aankomst te Bergen Zaterdag 24 Augustus om 12 uur 's middags.

Vertrek van den uitstap om 14 uur : Bezoek per auto der stad en omgeving volgens gedrukt programma van het Agentschap Bennett.

De " Albertville " zal Bergen om 22 uur verlaten

Vrijdag 23 Augustus

ATTENT
FOURR
à BERGE
RENARDS
HERMINE
OURS - blanc
MANTEAUX &
SOUVE

Marché aux poissons pr

Arrivée à Bergen, le samedi, 24 août

…ville
…tend sur
…hauteurs
…cheuses qui
…ourent son
…and port.
…ue superbe
…arrivée et
… départ

Maisons en bois hanséatiques

Voyez les belles
NORVÉGIENNES
Fournisseur de la Cour de S. M. la Reine des Pays Bas
C. BRANDT
Fondé 1852 BERGEN Fondé 1852

AGENCE DE VOYAGES BENNETT
VISITE
AU
CAMP LAPPON
1 PERSON
Ceci n'est qu'un billet de contrôle, qui n'a pas de valeur monétaire. S'il n'a pas été enlevé par le contrôle, il peut-être détruit.
s.s. „Albertville"
No. 1026

…S BENNETT
…selskaber
…omobil
…e Auto (1 Pers.)
…seneur) & Retur & Retour
s.s. „Albertville"
No. 1026

Avenue longeant le port ; maisons en bois

… port

Une rue de Bergen

Vorhergehende Doppelseite
Als Umschlagplatz für den Fischhandel in Nordeuropa war die ehemalige Hansestadt Bergen ein Zwischenhafen, der wegen seiner lebhaften Atmosphäre, seiner Geschäfte und seiner malerischen Häuser geschätzt wurde. Albumseite eines Teilnehmers der Kreuzfahrt, die vom 10. bis zum 30. August 1935 von der Compagnie Maritime Belge mit der vom Reisebüro Bennett gecharterten *Albertville* veranstaltet wurde.

HAPAG Hamburg-Amerika Linie

Später Tisch
Late Service

Tisch Table Nr. 53 Stuhl Chair Nr.

4. 38. 20000* Sch 35

HAMBURG-SÜDAMERIKANISCHE DAMPFSCHIFFFAHRTS-GESELLSCHAFT

DOPPELSCHRAUBEN-MOTORSCHIFF
„MONTE CERVANTES"
NORDLANDREISE 1929

Montag, den 26. August 1929

Speisenfolge

Frühstück von 7—8 und 8—9 Uhr
Kaffee, Tee, Milch
Gekochte Eier oder Rühreier
Hafergrütze in Milch

Mittagessen um 12 und 13 Uhr
Holländische Suppe
Kraftbrühe mit Gemüse
Schweinskarbonade, Teufelssoße,
Kartoffeln, Wachsbohnensalat
Kalifornische Apfelsinen

Kaffee um 15,30 und 16 Uhr
Kaffee, Tee — Gefüllter Bienenstich

Abendessen um 19 und 20 Uhr
Frankfurter Würstchen, Sauerkraut, Kartoffelmus
Verschiedener Aufschnitt
Butter — Käse
Tee

Oben und links
Auf den Kreuzfahrten der Hamburg Süd war die Verpflegung sehr einfach, wie man an der Speisekarte vom 26. August 1929 auf der *Monte Cervantes* sieht. Völkische Urlaubsstimmung prägte die KdF-Seereisen von 1934 bis 1939.

Rechte Seite
Die offenbar scherzhaft gemeinte Speisekarte eines norwegischen Diners, das vom Reisebüro Bennett im August 1935 auf der *Albertville* organisiert wurde, kann einen schon in Staunen versetzen!

Folgende Doppelseite
Die Stadt Tromsø, die nördlich des Polarkreises auf mehreren Inseln, darunter Tromsøya, und auf dem Festland liegt, wurde im 19. Jahrhundert »Paris des Nordens« genannt, denn ihre Einwohner kamen aus aller Welt, und Besucher von außerhalb fanden die Stadt wesentlich weltoffener vor, als sie erwartet hatten! Tromsø hat die größten Bestände an historischen Holzhäusern im Norden Norwegens. Von jeher ist die Stadt der Ausgangspunkt für Polarexpeditionen.

Seite 110–111
Die Überquerung des Polarkreises, die mit der Aushändigung einer Urkunde bestätigt wurde, lieferte wie in den Tropen einen Vorwand, um eine skurrile »Zeremonie« abzuhalten. Fotoalbum eines Teilnehmers der Kreuzfahrt mit der *Monte Cervantes* im Sommer 1926.

Seite 112–113
Mitternachtssonne am Nordkap. Eine mehrstündige Wanderung über Berggrate und Felsvorsprünge war nunmehr fester Bestandteil der Reise. Heute steigen die Passagiere in Honningsvåg aus und fahren mit dem Bus bis zum Nordkapfelsen. Seit 1978 symbolisiert dort ein stählerner Globus die Nordspitze Europas.
Vignette: Ein Nordkapdiplom aus den 1930er-Jahren.

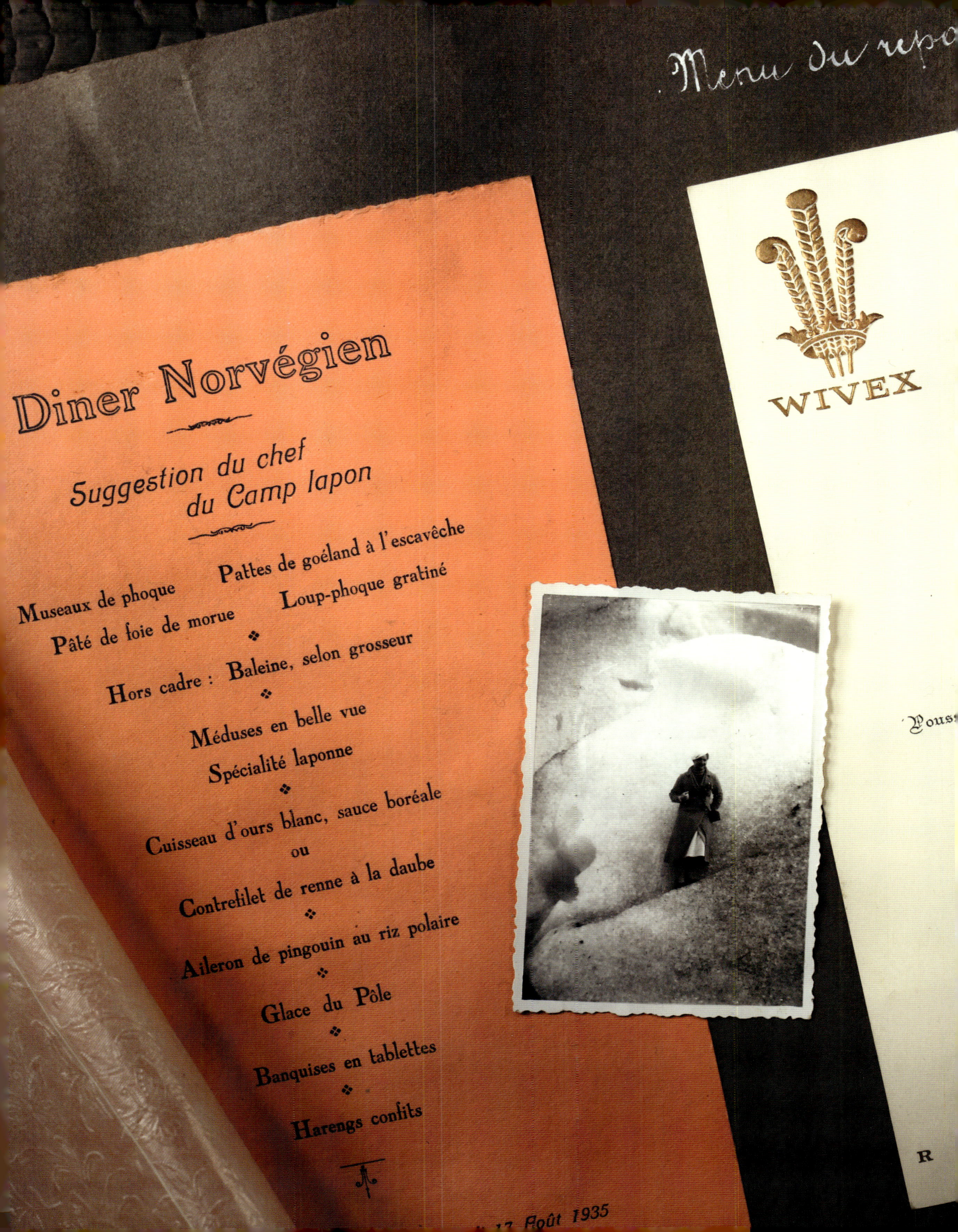
Diner Norvégien
Suggestion du chef du Camp lapon
Museaux de phoque
Pattes de goéland à l'escavêche
Pâté de foie de morue
Loup-phoque gratiné
Hors cadre : Baleine, selon grosseur
Méduses en belle vue
Spécialité laponne
Cuisseau d'ours blanc, sauce boréale
ou
Contrefilet de renne à la daube
Aileron de pingouin au riz polaire
Glace du Pôle
Banquises en tablettes
Harengs confits
17 Août 1935
WIVEX

POLAR-TAUFE
auf 66° 32′ 30″
an Bord des Großmotorschiffes
„Monte Cervantes“
Neptun
Heute morgen wurde mir von meinen Spähern, den Delphinen, die
Botschaft gebracht, daß sich ein dampferähnlicher Kahn in langsamer Fahrt
meiner Reichsgrenze nähere. Wie mir weiter berichtet wurde, soll dieser
Kahn eine recht vielseitige Fracht an Bord haben — Landratten, männliche
und weibliche, die die Absicht haben, in mein Gebiet einzudringen und
nach Spitzbergen vorzudringen. Aber das geht nicht so ohne
Da habe ich — Neptun, der Beherrscher sämtlicher Meer
und sonstiger wässeriger Dinge — noch ein
Keiner darf ohne meine Erlaubnis die Reich
Führung und fortgesetzter Leb
Erlangung der Einreiseerla
es verdient, in mei
mit meinem
Als Zeich
entschlossen, me
zu verleihen und
orden 1. Klasse mi
Und nun zu E
nennt! Ihr seid ja ei
Ansprache
DES TRITON
der das Nahen des
Meergottes Neptu
zur
POLARKREIS
TAUFE
vermeldet

Das süsse Baby
der
Monte Cervantes

DIPLÔME du CAP NORD
Il est certifié par ceci
que
passager du vapeur
en voyage au Pays du Soleil de Minuit
aujourd'hui a visité
CAP NORD
le point le plus septentrional de l'Europe.
NORDKAPP 8.VIII.35 NORGE
NORDKAPS VEL A/S

Canadian
Happy
Cruises

KARIBIK
KREUZFAHRT
ANTILLEN

Unter südlicher Sonne Kreuzfahrten in die Karibik

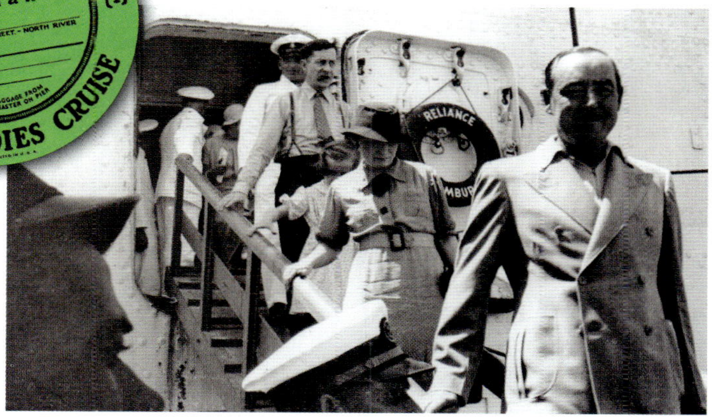

Kreuzfahrt von New York aus nach »Westindien« vom 22. Februar bis zum 21. März 1930: Die Passagiere der *Reliance*, eines der renommiertesten Passagierdampfer der Hapag – die Reederei war seit 1896 in der Karibik präsent – gehen bei einem Zwischenstopp an Land. Auf dem Programm dieser zweiten Karibikkreuzfahrt des Jahres standen Martinique, Barbados, Trinidad, Venezuela, Curaçao, Panama, Jamaika und Kuba.

Vorhergehende Seiten
Glamour und Eleganz strahlt dieses von Tom Purvis gestaltete Plakat für die Canadian Pacific (1936) aus, die 1922 mit den *Empress*-Schiffen ins Kreuzfahrtgeschäft einstieg. Im Zuge dieser Veränderung ließ sie die grauen und schwarzen Rümpfe ihrer Schiffe in den Tropen angemessenem Weiß streichen.
Vignette: Die berühmte *Queen of Bermuda* zwischen den Inseln von Bermuda bei Fairyland Creek, unweit von Hamilton, 1940er-Jahre.

Linke Seite
Die *Emerald Princess* der Princess Cruise Lines ankert in den Gewässern der Bahamas. Die Inselgruppe ist berühmt für ihre feinen Sandstrände, ihre paradiesische Natur, ihre Lagunen mit türkisfarbenem Wasser und ihre Korallenriffe. Die amerikanische Reederei wurde 1965 gegründet, 1974 von der P&O Group übernommen und 2003 von Carnival erworben. Auf zwei ihrer Schiffe – der in *Island Princess* bzw. *Pacific Princess* umbenannten *Sea Venture* und *Island Venture* – wurde ab 1977 die TV-Serie *The Love Boat* gedreht.

Das Tor zu einer Welt voller Romantik und Abenteuer

Als die *Columbus* des Norddeutschen Lloyd (NDL) – schwarzer Rumpf, strahlend weiße Aufbauten, gelbe Schornsteine – am 19. August 1939 mit 750 vorwiegend amerikanischen Passagieren und 579 deutschen Besatzungsmitgliedern von Kai 86 in New York Manhattan zu einer paradiesischen zwölftägigen Reise in die Karibik ablegte, stimmte die Bordkapelle *Muss i denn, muss i denn zum Städtele hinaus* an. Das Abschiedslied wurde traditionell gespielt, wenn ein deutsches Schiff seinen Heimathafen verließ. Niemand ahnte, dass die 42. Kreuzfahrt der *Columbus* zu den Antillen ihre letzte in Friedenszeiten und ihre letzte Fahrt überhaupt werden würde.

Als drittgrößtes Nordatlantikschiff, das nach dem Ersten Weltkrieg in Deutschland gebaut worden war, hatte sich die *Columbus* bereits einen soliden Ruf erworben, als sie 1930 die erste von ihrer Reederei veranstaltete Kreuzfahrt um die Welt durchführte und ab 1933, teilweise in Charter, für luxuriöse Winter- und Osterkreuzfahrten in die Karibik eingesetzt wurde. Sie setzte so eine etwa 30 Jahre zuvor begründete Tradition fort: Transatlantikschiffe überwinterten in den wohltemperierten Gewässern dieser entlegenen Weltgegend, um die sich zahlreiche Geschichten von französischen oder holländischen Freibeutern rankten, von englischen Korsaren oder gewöhnlichen Piraten, die die Küsten unsicher machten und die spanischen Besitzungen plünderten.

Diese vor 1914 nur sporadisch angebotenen Kreuzfahrten entwickelten in den 1920er-Jahren, insbesondere als Reaktion auf die Prohibition in den Vereinigten Staaten, eine große Anziehungskraft beim zahlungsfähigen Publikum. Scharen reicher Amerikaner nahmen an Seereisen auf nichtamerikanischen Schiffen teil, um in den internationalen Gewässern mehr oder weniger exzessiv Alkohol zu trinken, und wenn die britischen Überseegebiete Bermuda oder die Bahamas oder gar Havanna angelaufen wurden, pflegte man sich dort ausschweifenden Vergnügungen hinzugeben. Der amerikanische Humorist George Ade, der Kreuzfahrten auf allen Weltmeeren unternahm, hatte in dieser Hinsicht eindeutige Vorlieben: »Letztes Frühjahr habe ich mit der SS *California* [Anchor Line] einen Monat auf den Antillen verbracht und jede Minute davon ausgekostet«, schrieb er im Oktober 1926 an einen Freund. »Es war meine siebte Kreuzfahrt in der Karibik. Das ist für mich die allerbeste 30-tägige Reise, die ich kenne.«

Während heutzutage Karibikkreuzfahrten von drei, vier Tagen oder einer Woche die Regel geworden sind, unterschieden sich die Programme der Reedereien früher nicht nur hinsichtlich der Auswahl und Zahl der Zielhäfen, der Reisezeit und der Dauer der Kreuzfahrten, die nie kürzer als sieben Tage

MSC
MSC POESIA

Linke Seite
Das dritte Schiff aus der Musica-Klasse der italienischen Reederei MSC, die 2008 in Dienst gestellte *Poesia*, verlässt zum Auftakt der Karibiksaison den »Big Apple« in Richtung Fort Lauderdale. Als traditioneller Heimathafen der Überseedampfer und der Reedereien war New York lange Zeit der Ausgangspunkt für Kreuzfahrten zu den Antillen. In den 1960er-Jahren lief ihm das näher an den Kreuzfahrtrevieren gelegene Florida den Rang ab. Das New York Passenger Ship Terminal, auch als Luxury Liner Row bekannt, befindet sich immer noch in Manhattan West Side, an den historischen Piers 88, 90 und 92. Inzwischen wurden zwei neue Terminals eröffnet, 2004 der Cape Liberty Cruise Port in Bayonne (NJ), der von der RCCL genutzt wird, und 2006 das Brooklyn Cruise Terminal (Red Hook, Brooklyn, NY), das insbesondere für die *Queen Mary 2* und die Carnival-Flotte vorgesehen ist.

Oben und links
Der Aluminiumproduzent Alcoa, der Bauxit aus Surinam importiert, bot von 1947 bis zum Ende der 1960er-Jahre Karibikkreuzfahrten an Bord seiner drei Frachtschiffe an: Sie dauerten 16 Tage und gingen von New Orleans oder Mobile (Alabama) aus (Prospekt von 1962). Die Grace Line, die Frachtlinien zwischen den USA und Südamerika betrieb, richtete 1917 einen Kreuzfahrtdienst in der Karibik ein, der bis 1970 einen wesentlichen Teil ihres Reedereigeschäfts ausmachte (Etikett, um 1950).

waren, sondern auch der Flagge, unter der die eingesetzten Schiffe fuhren. 1912 hatte die Hapag drei Kreuzfahrten zwischen 16 und 28 Tagen im Angebot; 25 Jahre später, im Winter 1937/1938, wurden mit der *Columbus* insgesamt sieben Kreuzfahrten von New York aus mit einer Dauer zwischen acht und 19 Tagen durchgeführt. In derselben Saison hatte die Canadian Pacific mit ihren *Empress*-Schiffen vier 10-, 14- oder 17-tägige Kreuzfahrten von New York aus im Programm. Die längsten Kreuzfahrten umfassten häufig den gesamten Karibikraum und folgten einer seit den ersten Kreuzfahrten der Hapag mit der *Moltke*, *Meteor*, *Blücher* oder *Victoria Luise* klassisch gewordenen Route: New York, Bermuda, Saint Thomas (Amerikanische Jungferninseln), Saint-Pierre und Fort-de-France (Martinique), Bridgetown (Barbados), La Brea Point und Port of Spain (Trinidad), Puerto Cabello und La Guaira (Venezuela), Colón (Panama) und der Panamakanal, Kingston (Jamaika), San Juan (Puerto Rico), Havanna (Kuba) und zurück zum Abfahrtshafen. Das entsprach einer Strecke von beinahe 11 000 Kilometern, die Landausflüge nicht mitgerechnet. Mit Ausnahme einiger Zwischenstopps war das die Route, die auch die *Columbus* im Sommer 1939 nehmen sollte, als der Zweite Weltkrieg für Passagiere und Besatzung zur bedrohlichen Realität wurde.

Rechte Seite
Bunte Sammlung zum Thema Karibik: Prospekt der Panama Mail Steamship Company (1926/1927), Speisekarte einer Kreuzfahrt der *Reliance* der Hapag (1936), Broschüre und Gepäckanhänger des Passagierdampfers *Antilles* der CGT (um1960), Abfahrtszeiten des Tenders der *Transylvania* der Anchor Line in Nassau (1938) und Werbung für die Kreuzfahrten der United Fruit Company (1914).

Der Sonne entgegen

In der Wintersaison wurden ab dem zweiten oder dritten Tag an Bord, je weiter die Dampfer nach Süden fuhren, der Wind schwächer, das Meer ruhiger und die Temperaturen milder. Innerhalb weniger Stunden waren der New Yorker Winter und die Schneestürme nur noch eine blasse Erinnerung. Jenseits des Golfstroms leuchtete das zuvor grüne Meer nun in intensivem Blau. Am Himmel zeigten sich luftige Wattewolken. Da das Wetter immer milder, ja sogar sommerlich warm wurde, kamen die Passagiere aus ihren Kabinen, verbrachten den Tag an Deck und beobachteten die Fliegenden Fische. Die Sonnenwärme ermutigte sie, ihre dicke Winterkleidung – Jackett und Krawatte waren bis in die 1950er-Jahre obligatorisch – gegen leichtere Baumwollsachen einzutauschen. Shorts und Badekleidung allerdings verstießen bis in die 1960er-Jahre hinein gegen den guten Geschmack. Auch die Offiziere zogen nun ihre Sommeruniformen aus weißem Drillich an. »Jeder kleidet sich weiß, und wer nicht wenigstens eine weiße Schirmmütze

Links
Drei junge Engländerinnen auf einer Kreuzfahrt der *Laconia* nehmen ein Sonnenbad auf dem Oberdeck, Ende der 1920er-Jahre.
Vignetten: Programme einer Antillenkreuzfahrt der *Reliance* im Februar/März 1930 mit Ausflügen nach Bridgetown (Barbados) und zum Schlachtfeld von San Juan Hill (Kuba), wo 1898 eine entscheidende Schlacht des Spanisch-Amerikanischen Kriegs stattgefunden hat.

Sloppy Joe's Bar
Famous Cocktails
Delicious Sandwiches
Cigars and Cigarette
MUSIC DAY AND NIGHT
HAVANA
CUBA
"ANTILLES"
Spanish Americas
To New York from San Francisco & Los Angeles
Via Mexico - Central America
Through Panama Canal
NASSAU-HAVANA CRUISE
S.S. TRANSYLVANIA—NASSAU
Tender Schedule
FROM SHIP TO SHORE
8.30 a.m. 9.30 a.m. 10.30 a.m. 2 p.m.
THE GREAT WHITE FLEET
HAMBURG-AMERIKA LINIE
The Story of a la Carte
Sailing

An Bord der Laconia

Album einer Kreuzfahrt mit der *Laconia* Ende der 1920er-Jahre, von Southampton oder Liverpool aus, mit den Stationen Madeira (Funchal), Martinique (Saint-Pierre), Saint Vincent und die Grenadinen (Kingston), Trinidad, Panamakanal (Colón), Jamaika (Kingston), Kuba (Havanna), Bermuda und die Azoren (Ponta Delgada). Die *Laconia* wurde im Mai 1922 in Dienst gestellt und im Passagierverkehr zwischen Southampton und New York eingesetzt. Im November 1922 absolvierte sie die erste Weltumrundung der Cunard-Reederei, in derselben Saison folgten die *Resolute* der Hapag, die *Empress of France* der Canadian Pacific und ihr Schwesterschiff *Samaria*. Mit stattlichen 20 000 BRT und einer neuen Ausstattung für mehr Fahrgastkomfort unternahm die *Laconia* ab 1925 in jedem Winter Kreuzfahrten in die Karibik. Von 1930 bis 1939 war das Schiff mehr auf Kreuz- als auf regulären Transatlantikfahrten im Einsatz. Die Karriere der *Laconia* endete tragisch am 12. September 1942: Wie schon ihr Vorgängerschiff 1917 wurde sie von einem deutschen U-Boot versenkt. Unter den 2541 Personen an Bord waren über 1000 italienische Kriegsgefangene. Der U-Boot-Kommandant ließ die Schiffbrüchigen retten, sodass fast 1100 Menschen überlebten. Die Bombardierung des unter Rotkreuzflagge fahrenden Konvois durch ein amerikanisches Flugzeug führte zum »Laconia-Befehl«, der deutschen U-Booten Rettungsmaßnahmen verbot.

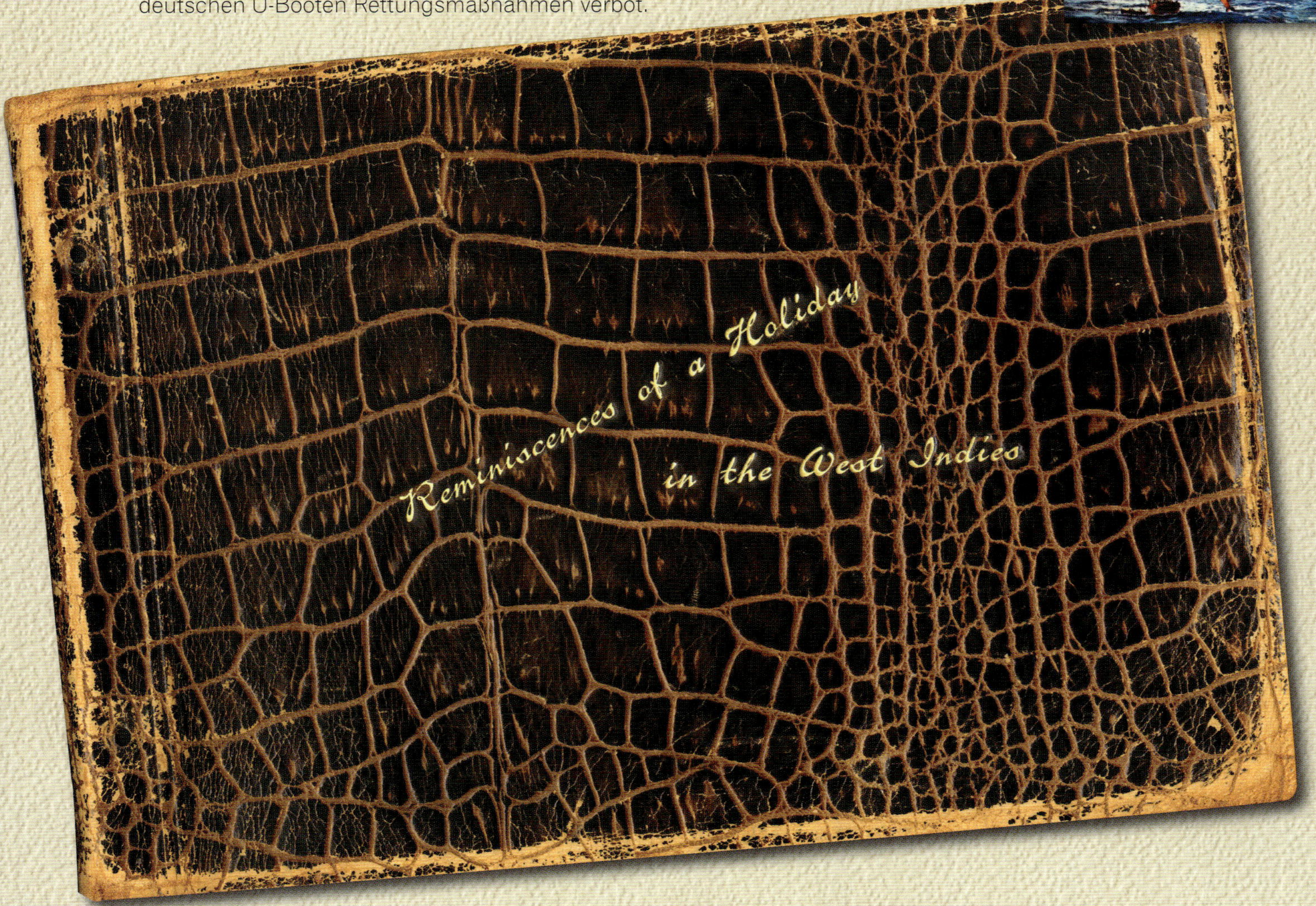

Von links nach rechts und von oben nach unten
Während die Küste Englands in die Ferne rückt, ruhen sich die Kreuzfahrtpassagiere, in Wolldecken gehüllt, an Deck aus und lesen.

Erster Anlaufhafen der *Laconia* nach dem Ablegen in Liverpool: Funchal auf Madeira.

Talfahrt von dem hoch oben auf einem Hügel über Funchal gelegenen Dorf Monte in »carros de cesto«.

Nach vier Tagen Fahrt über den Atlantik genossen die Passagiere die ersten tropischen Sonnenstrahlen.

Während der langen Überfahrten vertrieb man sich Zeit mit Bordspielen, zu denen sich alle Kreuzfahrtpassagiere an Deck versammelten.

Von links nach rechts und von oben nach unten
Sobald das Schiff die Kleinen Antillen im Osten der Karibik erreicht hatte, konnten die Passagiere bequem vom Liegestuhl aus die silbrig schimmernden Fliegenden Fische beobachten. Die etwa heringsgroßen Fische, die mit ihren flügelähnlichen Flossen im Gleitflug über die Wasseroberfläche segeln, landeten mitunter auf dem Promenadendeck.

Die Kreuzfahrtpassagiere haben ihre Wintermäntel mit leichterer Kleidung vertauscht.

Ein Besuch der 1851 gegründeten Grenzstadt Colón am atlantischen Zugang zum Panamakanal war natürlich obligatorisch. In der hohen Luftfeuchtigkeit schwitzend, konnten die Touristen die elegante Architektur bewundern und zahlreiche Luxusartikel kaufen – vor allem die in Ecuador hergestellten Panamahüte aus Stroh, die nie aus der Mode kommen.

Auf den Gatún-Schleusen des Panamakanals.

Eine Partie »Pferderennen« mit Wetten auf dem Oberdeck.

Von links nach rechts und von oben nach unten
Besuch in Kingston, Jamaika, am Fuß der Blue Mountains. Dort konnte man Körbe, Hüte und allerlei nutzlosen Kram kaufen, der nach der Rückkehr die Kaminsimse zieren sollte: Bambusvasen, Tischläufer aus den seidigen Fasern einer tropischen Pflanze, Muschelketten, Korallen und Aquamarine …

Das traditionelle Picknick am Ufer des Wag Water River in den Botanischen Gärten in Castleton, Jamaika.

Im Gänsemarsch geht es durch die schmalen Gänge der spanischen Festung »Castillo de los Tres Reyes del Morro«, die einst die Einfahrt zur Hafenbucht von Havanna sicherte.

Warten auf den Tender zurück zur *Laconia*.

Erfrischende Abkühlung in einem kleinen Schwimmbecken aus schwarzem Wachstuch, das täglich im Vorschiff aufgebaut und mit frischem Meerwasser gefüllt wurde.

Hezekiah Brown Esquire

WINTER SUNSHINE CRUISE
BY ORIENT LINE "ORFORD"

BRITISH WEST INDIES

24 JANUARY — 42 DAYS — FROM 86 GUINEAS

Managers: Anderson, Green & Co., Ltd., 5 Fenchurch Avenue, London, E.C.3
West End Offices: 14 Cockspur Street, S.W.1 & No. 1 Australia House, Strand, W.C.2

Prospekt für die Karibikkreuzfahrten der Cunard Line (1920er-Jahre).

Oben
Bei den Ausflügen im Winter 1929 trugen die Passagiere der *Laconia* leichte Kleidung aus hellem Leinen, machten sich aber weiterhin stadtfein. Die Damen behielten ihren Topfhut auf, und die Herren trugen Jackett und Krawatte, dazu zweifarbige Schuhe und als Kopfbedeckung den klassischen Fedora aus Biberfilz …

Linke Seite
Die Orient Steam Navigation Company oder Orient Line, deren Liniendampfer zwischen Großbritannien und Australien verkehrten und dabei den Suez- und den Panamakanal passierten, erfand bereits 1889 das Konzept der »Urlaubskreuzfahrt« oder »holiday cruise«. Ein von Robert Gibbings gestaltetes Plakat lud 1935 zum Dolce far niente in der Sonne der Antillen mit dem Dampfer *Orford* ein – der Name aller Schiffe der britischen Reederei begann mit »O«: *Orcades*, *Orford*, *Otranto*, *Ormonde*, *Oronsay*, *Orama*, *Orontes* und *Orion*.

und seinen Sommeranzug vom letzten Jahr dabei hat, fällt an Deck unangenehm auf«, bestätigt William T. Corlett, der im Februar 1908 eine Kreuzfahrt auf der *Oceana* der Hapag machte. Zum Glück konnten die Schneider von Charlotte Amalie, Port of Spain oder Kingston Abhilfe schaffen, indem sie für ein paar Dollar binnen weniger Stunden Sommeranzüge nach Maß nähten. Doch das Ergebnis fiel nicht immer zur Zufriedenheit der Reisenden aus, wie die Passagiere der zweiten Karibikkreuzfahrt der *Victoria Luise* im Februar 1913 zu ihrem Leidwesen feststellen mussten: Die in Kingston geschneiderten Jacketts und Hosen hätten höchstens für einen Kostümball mit dem Motto »Das lächerlichste Outfit« getaugt.

Bereits nachmittags wurde der Schatten knapp. Da die Transatlantikdampfer ursprünglich nicht dafür gebaut worden waren, in tropische Gefilde zu fahren, geriet manche Vergnügungsreise geradezu zur Schwitzkur! Als die *Mauretania* im Juli 1932 zum ersten Mal auf Kreuzfahrt zu den Antillen war, wurden die gestärkten Uniformjacken der Kabinenstewards und Offiziere durchweicht, und in den Salons empfand man die samtenen Wandbespannungen geradezu als Plage. Trotz der Tropengewitter, die über dem Schiff niedergingen, wenn man es am wenigsten erwartete, litt man schwer unter der brütenden Hitze.

Bevor die Gemeinschaftsräume und danach auch die Kabinen der Passagierdampfer klimatisiert wurden, konnte man nachts in einem den ganzen Tag über von der Sonne und der Reflexion des Wassers aufgeheizten, glühenden Schiffsrumpf kaum noch schlafen. Erst in den 1960er-Jahren wurden Klimaanlagen auf Schiffen allgemein üblich. In der Zeit davor versuchte man sich mithilfe kleiner mechanischer oder elektrischer Ventilatoren, die man beim Zahlmeister gegen Gebühr leihen konnte, in den Kabinen Luft zu verschaffen – ohne dass dies wirklich erfrischend war –, wobei aus den Lüftungsöffnungen nur die lauwarme Außenluft drang, die durch die an Deck stehenden Lüfter angesaugt wurde … Zur Ventilation der Speisesäle hingen an der Decke über jedem Tisch sogenannte Pankhas, Fächerwedel aus Segeltuch, die manuell oder elektrisch in Schwingungen versetzt wurden. »Diese Hitze nimmt einem jede Energie; man muss dauernd schwitzen und rufen: Ach, ist das heiß!«, beklagte sich [der französische Reisende] Abbé Huard 1903 bei seinem Aufenthalt in Trinidad.

Bis in den 1950er-Jahren die neuen Dual-Purpose-Liner mit offeneren Räumen, klimatisierten Promenadendecks und einer an die tropische Hitze besser angepassten Ausstattung den Dienst in der Karibik aufnahmen und in den 1970er-Jahren neue Reedereien speziell für Karibikkreuzfahrten

CLUB
DO
BRASIL

REX
FIRST CLASS
REX

konzipierte Schiffe einsetzten – wie die *Bohème* der Wallenius Lines oder die *Song of Norway* der Royal Caribbean Cruise Line –, halfen gegen die Sonne nur Schatten oder Dunkelheit. Mit riesigen, zwischen den Masten aufgespannten oder auf Schienen laufenden Sonnendächern aus Segeltuch wurde das Deckshaus des Mitteldecks verlängert und die Passagiere so vor der Sonne geschützt. Manche beschlossen, auf dem Promenadendeck unter freiem Himmel zu schlafen, und liehen sich Matratzen, um die nächtliche Kühle und den südlichen Himmel zu genießen. Manche ruhten auch unter dem Sonnendach auf dem Oberdeck, denn dort waren sie geschützt vor Rauch und Asche aus dem Schornstein oder überraschenden Regengüssen.

Auf der *Columbus* verbrachten einige junge Liebespaare die Nacht in den Luken. »An diesem Platz konnten sie zu den funkelnden Sternen hinaufschauen und sich vom leichten Schlingern des Schiffs in einer sanften kühlen Brise wiegen lassen«, erzählt Otto Giese, Vierter Offizier des Passagierdampfers. »Dort wurden Küsse und Liebesschwüre getauscht. Doch bei ihren romantischen Träumereien waren sie praktisch nie unbeobachtet. Von Zeit zu Zeit erschien ein Fernglas an der Reling der Kommandobrücke, das in der Dunkelheit nach Verliebten fahndete. Jedes Paar war von den jungen Offizieren heimlich registriert worden, und wenn um Mitternacht die Wachablösung kam, berichteten die Offiziere einander, welche Fortschritte jedes Paar gemacht hatte.«

Tagsüber brauchten die Sonnenanbeter sich nur zum Oberdeck zu begeben und an den Swimmingpool zu legen. Auf der *Columbus*, die als einer der ersten Passagierdampfer über ein richtiges Außenschwimmbad verfügte, lag es am Bug des Schiffes. Die einstigen provisorischen »Wasserlöcher« aus imprägniertem Segeltuch, die mit frischem Meerwasser gefüllt und vorübergehend in das Deck eingelassen wurden, hatten sich zu ständig betriebenen Außenschwimmbecken gemausert, und von da an spielte sich das Leben an Bord rund um die Liegestühle, Korbsessel und Sonnenschirme des »Lido« ab. Dieser dem »dolce far niente«, der Sonnenbräune und den Erfrischungen gewidmete Bereich war auf italienischen Schiffen wie der *Rex* und der *Conte di Savoia* der Italian Line nach dem Vorbild der sonnenbeschienenen Terrasse eines römischen Cafés mustergültig geplant und weiterentwickelt worden.

Vorhergehende Doppelseite
Die *Rex* der Italian Line am 10. Februar 1938 im Hafen von Rio. Obwohl im Expressdienst zwischen Genua und New York eingesetzt, startete die *Rex* im Dezember 1932 in New York zu einer Kreuzfahrt in die Karibik. Ihre Ausstattung prädestinierte sie für Vergnügungsreisen: zwei Außenschwimmbecken am Heck, ein Lido, ein Solarium, Spielfelder für Badminton und andere Sportarten, ein Gymnastikraum, ein Schießstand, eine Bar mit Veranda zum Meer, ein Spa mit Massageliegen und Höhensonnen. Zum Karneval in Rio unternahm die *Rex*, ebenso wie die *Normandie*, im Februar 1938 mit 550 amerikanischen Passagieren eine 30-tägige Kreuzfahrt in die Karibik.

Unten
Die überdachte Terrasse der *Seven Seas Mariner*, eines Kreuzfahrtschiffs der Luxusklasse von Regent Seven Seas Cruises, der Reederei mit den »All-inclusive-Kreuzfahrten« für Feinschmecker.

Rechte Seite
Promenadendeck der *Prinzessin Victoria Luise* der Hapag um 1900. Das Sonnendach schützte auch vor Regen und Asche aus den Schornsteinen.

Folgende Doppelseite
Das Schwimmbad der *Laconia* war noch ein provisorisches Schwimmbecken der ersten Generation; es bestand aus imprägniertem Segel- bzw. Wachstuch und war an Holz- oder Stahlpfosten aufgehängt. Das erste Schwimmbecken dieser Art wurde vermutlich 1907 auf der *Adriatic* eingerichtet. Erst 1926 gab es auf der *Roma* ein ständiges Außenschwimmbecken. Die *Arandora Star* (1927) war das erste Schiff, das einen ständigen Swimmingpool auf dem Welldeck anbot.
Vignette: Die kleineren Frachter *Santa Rosa*, *Santa Paula*, *Santa Lucia* und *Santa Elena* der Grace Line wurden 1932 von dem Konstrukteur William Francis Gibbs entworfen. Prospekt von 1938.

CAREFREE CARIBBEAN
SAILINGS FROM NEW YORK
Every Friday
visiting
CURACAO · VENEZUELA · COLOMBIA
PANAMA · JAMAICA · HAITI

Die Erkundung der Inseln: Zwischen Abenteuer und Sachunterricht

Noch bevor das Festland in Sicht kam, wehte die Meeresbrise fremde und außergewöhnliche, exotische Entdeckungen verheißende Wohlgerüche zum Dampfer herüber. Allabendlich wurde das Programm für den nächsten Tag unter der Kabinentür durchgeschoben. »In den Programmheften […] standen allerlei originelle Unternehmungen, doch die Stammgäste waren vorsichtig, was die angebotenen Ausflüge betraf. Da wir keinerlei Informationen über die Abfahrtszeiten der Züge hatten, suchten wir – der Professor von der Columbia University, der Doktor und ich – uns nur solche Exkursionen aus, bei denen wir sicher sein konnten, dass wir ohne Schwierigkeiten wieder rechtzeitig an Bord kamen. Wie Robinson Crusoe auf einer Karibikinsel zurückgelassen zu werden, schien uns keine erstrebenswerte Erfahrung«, meinte William T. Corlett 1908 ironisch. Dabei wusste er sicherlich, dass der englische Autor seinen Helden auf Tobago oder einer anderen Insel vor dem Orinoco-Delta hatte stranden lassen und nicht auf einer Insel im Pazifischen Ozean. Die Tickets für die Landausflüge mussten gleich zu Beginn im Ausflugsbüro gebucht werden, denn es gab stets nur eine begrenzte Zahl von Plätzen.

Da es in den Häfen der Karibik lange keine Molen gab, war es nicht einfach, auf einer Insel an Land zu gehen. Die Passagierdampfer mussten einige Kabellängen vom Hafen entfernt – in Santiago de Cuba einen vollen Kilometer – ankern, und die Passagiere mussten in Beibooten ausgeschifft werden, die zwischen der Küste und dem Schiff hin- und herfuhren. Das Empfangskomitee bestand häufig aus einer Flottille kleiner Boote und aus Kindern, die nach herausgeworfenen Münzen tauchten. Bisweilen, so in La Brea auf der Insel Trinidad im Golf von Paria, konnte das Beiboot nicht bis zum leicht ansteigenden Ufer fahren, und man musste sich die Füße nass machen. »Doch uns blieb diese missliche Lage erspart, weil der wackere Fährmann uns einen nach dem anderen auf seinen Armen hinübertrug und auf den Felsen absetzte: Diese Art des Transports hatten wir schon lange nicht mehr erlebt, und das war noch nicht die außergewöhnlichste Episode unserer Reise«, berichtet Abbé Huard.

Die Besichtigung des Asphaltsees, »kurios und lehrreich«, nach einer zwei Kilometer

Oben
Die Insel Saint Thomas (Amerikanische Jungferninseln), einst dänische Kolonie, wurde 1917 von den USA gekauft. Im Hafen von Charlotte Amalie wurden die Kreuzfahrtschiffe mit Nachschub versorgt: Frauen bildeten Ketten und reichten Kohle in Körben weiter.

Rechte Seite
Bei der Titelseite eines Prospekts von 1963 für eine Kreuzfahrt mit der *Mauretania* in die Karibik und nach Nassau griff Cunard auf das Erscheinungsbild einer Broschüre von 1956 zurück … Die veraltete *Mauretania* (1965 verschrottet) hatte, wie die *Caronia*, einen »kreuzfahrtgrünen« Anstrich bekommen. Nach 1960 zog die britische Reederei ihre Passagierdampfer aus dem Verkehr, da sie mit modernen Kreuzfahrtschiffen kaum noch mithalten konnten.

Links
Der Pitch Lake in La Brea, Trinidad: Das größte natürliche Asphaltvorkommen der Welt – Sir Walter Raleigh nutzte es 1595, um seine Schiffe zu kalfatern – wird seit dem 19. Jahrhundert ausgebeutet. Es ist noch immer eine der großen Touristenattraktionen.

CUNARD LINE
4 AUTUMN
VACATION CRUISES
TO THE WEST INDIES
AND NASSAU
ON THE AIR-CONDITIONED
MAURETANIA
SAILING FROM NEW YORK
OCT. 5 and 19 • NOV. 2 and 16
1963

NORWEGIAN EPIC
NCL
NORWEGIAN EPIC
NCL
NORWEGIAN CRUISE LINE

Oben
Passagiere eines britischen Dampfers beim Landgang auf einer Karibikinsel (um 1925).

Links
Die nagelneue *Norwegian Epic* der NCL (Norwegian Cruise Line) spielt in der gleichen Liga wie die jüngsten Mega-Cruiser der Royal Caribbean International, die *Oasis* und die *Allure of the Seas*. Das drittgrößte Schiff der Welt bietet fast 5200 Passagieren und mehr als 1700 Besatzungsmitgliedern Platz. Es ist das größte Passagierschiff, das bislang in Frankreich – in der Werft von Saint-Nazaire – gebaut wurde. Im Juni 2010 wurde es geliefert und tut Dienst in der Karibik. Solche »very large vessels« können nicht alle Antilleninseln anlaufen, denn deren Häfen mit ihrer geringen Wassertiefe haben zumeist keine ausreichend großen Molen für diese Schiffe.

Linke Seite
Bei den Winterkreuzfahrten hatten die Passagiere Gelegenheit, in Martinique, Grenada, Jamaika, Barbados, Hispaniola, Kuba, auf den Inseln unter dem Winde und in Puerto Rico den Beginn der Zuckerrohrernte mitzuerleben und Rum zu verkosten. Zuckerrohrschneider in der Region von Guánica, Puerto Rico (1941).

Oben
Ein Dampfer fährt langsam in eine Kammer der Gatún-Schleusen im Panamakanal ein; eine Passagierin der *Milwaukee* verfolgt das Geschehen interessiert.
Vignette: Prospekt der Hapag, 1938.

langen Wanderung inmitten von weißem Hibiskus, Zimtbäumen und Ananaspflanzen ließ das Fußbad schnell vergessen: Der Pitch Lake, der sich über eine Fläche von rund 40 Hektar erstreckt, lag mit seiner runzligen, verkrusteten Oberfläche aus Bitumen in der prallen Sonne. Dementsprechend blieben die Schuhe in der klebrigen Masse stecken, und bald bereuten manche, dass sie sich so weit vom Schiff entfernt hatten.

In der Anfangszeit der Kreuzfahrt ging es nicht darum, sich zu amüsieren, sondern sich zu bilden, indem man die Welt entdeckte. So war die Kreuzfahrt mit der *Meteor* 1908 ausdrücklich als Studienreise konzipiert, auf der die Passagiere Zuckerrohrplantagen in Saint Lucia besichtigten, dazu Bananen-, Ananas-, Kaffee- und Tabakpflanzungen in Kuba, sowie eine Kokosnussplantage in Saint Croix. Hinzu kamen eine Zuckerfabrik in Puerto Rico, Rumbrennereien an vielen Orten, üppige botanische Gärten in Jamaica und Saint Vincent, das Denkmal und das Haus der Kaiserin der Franzosen und Gemahlin Napoleon Bonapartes, Joséphine Beauharnais, in Fort-de-France. Die Ruinen der beim Ausbruch des Vulkans Mt. Pelée im Mai 1902 vollständig vernichteten Stadt Saint-Pierre auf Martinique faszinierten besonders die sensationssüchtigen amerikanischen Touristen, die sogar einen der beiden Überlebenden besuchten. Auf dem Hügel von San Juan in Kuba schritten die Kreuzfahrtpassagiere das Schlachtfeld von San Juan Hill ab auf der Suche nach Relikten der Gefechte, die dort im Juli 1898 stattgefunden hatten.

Ebenso sehr hatte man sich auf den Zwischenstopp in La Guaira in Venezuela gefreut. Man stieg vom Schiff in die Straßenbahn um, die innerhalb von zwei Stunden bei offenen Fenstern in Dunst und Staub durch eine großartige Berglandschaft zur Hauptstadt zuckelte. In Caracas konnte, wer wollte, für ein paar Dollar mehr im Palacio de Miraflores, der prächtigen Residenz des ehemaligen Präsidenten Joaquín Crespo, nächtigen. Nach einer langen Eisenbahnfahrt von Caracas nach Valencia, die durch 86 Tunnels und über 212 Brücken führte und deren Strecke von Mahagoni-, Banyan- und Flammenbaumwäldern gesäumt war, kamen die Touristen schließlich in Puerto Cabello an, wo ihr Schiff auf sie wartete und Kurs auf Panama nahm. Die Besichtigung der Grenzstadt Colón und des Panamakanals war lange Zeit der krönende Abschluss zahlreicher Kreuzfahrten – auch noch nach der Beendigung der Bauarbeiten im Jahr 1914.

Im Allgemeinen endete die Kreuzfahrt in Kuba, das zum »Touristen-Mekka« geworden war. Doch die Passagiere der *Meteor* durften Havanna nur von der Reling aus sehen: Denn vom Gesundheitsoffizier des Hafens wurde ihnen untersagt, den Fuß auf kubanischen Boden zu setzen. Statt dessen musste der Dampfer die gelbe Quarantäneflagge aufziehen, denn das Hapag-Schiff hatte in Colón, einem »wahren Brutkasten des Gelbfiebers«, zwei Passagiere an Bord genommen.

Eine unvollendete Kreuzfahrt

Die Passagiere der Sommerkreuzfahrt 1939 mit der *Columbus* hatten dagegen ausgiebig Zeit, Havanna, das »Paris der Antillen«, zu besichtigen. Doch nach einem ersten Zwischenstopp in Saint Thomas am 22. August begannen in Saint-Pierre auf Martinique die Schwierigkeiten für den deutschen Dampfer. Angesichts des drohenden Krieges untersagten die französischen Behörden der Insel, die ja ein französisches Überseedépartement ist, der deutschen Besatzung den Landgang. Der eigensinnige Bordfotograf wurde sogar verhaftet und der Spionage bezichtigt. Nach einem kurzen Stopp in Bridgetown (Barbados) am darauffolgenden Tag fuhr der Dampfer des NDL nach Süden weiter. Die Schiffsführung hatte beschlossen, die englische Kolonie Grenada nicht anzulaufen, denn in einer der Buchten hatten zwei U-Boote gelegen. Der nächste Zwischenhafen sollte La Guaira sein. Als Kapitän Wilhelm Dähne in Willemstad (Curaçao) von Zwischenfällen an der deutsch-polnischen Grenze erfuhr, befahl er, die Kreuzfahrt abzubrechen und nach New York zurückzukehren.
Am 27. August fing die *Columbus* einen verschlüsselten Funkspruch auf mit dem Befehl, einen neutralen, also spanischen, italienischen, russischen oder holländischen Hafen anzulaufen. Daraufhin machte der Dampfer kehrt und fuhr nach Curaçao zurück. Die Passagiere, die seit vier Tagen keinen Fuß mehr an Land gesetzt hatten, waren aufgebracht, dass sie nicht von Bord gehen durften. Manche fürchteten sogar, die Kreuzfahrt könnte direkt nach Deutschland führen und in einem Konzentrationslager enden. Nach einem erneuten Versuch, nach New York zurückzukehren, erhielt der Kommandant am 30. August den Befehl, angesichts der angespannten Situation die Passagiere auszuschiffen. Nachdem diese mit Rettungsbooten bei Havanna an Land gesetzt worden waren, sollte das Schiff die gefährliche Heimreise antreten. Um der Royal Navy zu entkommen, bunkerte die *Columbus* in Veracruz Treibstoff und ging auf Nordkurs. Am 19. Dezember wurde sie von einem britischen Zerstörer gestellt, der die Übergabe forderte. Um den Dampfer nicht in die Hände des Feindes fallen zu lassen, ließ der Kommandant das Schiff in Brand setzen und die Seeventile öffnen. Die evakuierten Seeleute wurden als Schiffbrüchige von einem US-Kreuzer aufgenommen. Die brennende *Columbus* sank in weniger als einer Stunde. Die dreieinhalb Monate zuvor in Havanna zurückgelassenen Ex-Touristen erreichten nach ein paar Tagen schließlich Florida per Schiff und reisten mit dem Zug nach New York zurück. Dort wurden sie von einer Menschenmenge erwartet, die begierig darauf war, ihren Bericht zu hören. Die meisten, so schien es, waren mit ihren abenteuerlichen Ferien ganz zufrieden!

Rechte Seite
Broschüre der Hapag und des NDL von 1938 für die, wie sich später herausstellte, letzte Kreuzfahrt der *Columbus*.

Folgende Doppelseite
Karibik – das bedeutet auch das Vergnügen, einheimische kulinarische Spezialitäten zu probieren und Souvenirs zu kaufen … Amerikanische Touristen essen Kokosnüsse und gegrillte Hähnchen. Nassau, Bahamas, Anfang des 20. Jahrhunderts.
Vignette: Ein Prospekt der Alcoa Line (1947) versichert, »Shopping« werde »ein wesentlicher Inhalt Ihrer Reise« sein, nicht nur, weil man dort alle Produkte der Karibik und Europas finde, sondern auch, weil die »Preise bescheiden, ja sogar verlockend« seien.

Links
Passagiere der *Columbus* auf dem Rückweg zum Schiff nach einem Besuch des Aquatic Clubs in Bridgetown, Barbados, damals britisches Gebiet. Dies war einer der wenigen Ausflüge auf ihrer Kreuzfahrt. Die Rettungsboote wurden als Tender zwischen dem Schiff und dem Festland verwendet.

S. S. COLUMBUS
CRUISES...
THE WEST INDIES
NASSAU, PANAMA
AND
SOUTH AMERICA
HAPAG
NORTH GERMAN LLOYD
HAMBURG-AMERICAN LINE ★ NORTH GERMAN LLOYD

PORT YOU VISIT HAS A PERSONALITY ALL ITS OWN

ıbean's days of swashbuckling glory lasted ıree centuries, while nation fought nation World power and gold. Today, bullion-laden buccaneer ships and men-of-war are coral ions on ocean beds. The civilization that on Inca gold, Peruvian silver, privateering, gar, rum and blood has disappeared. But emain to quicken the imagination. Lan- ıstoms and architecture in the Caribbean e heritages of many nations, woven into g new patterns by the shuttle of time. And s its charm. For each of the places you tinctively different.

NJOY NEW ORLEANS, TOO

ric southern city, whose charm everyone ds extra pleasure to your Alcoa cruise. If give yourself a day or two in New Orleans to old French quarter—the superb cuisine of fine restaurants—and its exciting night life.

CARIBBEAN ITINERARY INCLUDES

A GUAIRA (for Caracas) · GUANTA

TO CABELLO · TRINIDAD · JAMAICA

JRACAO or the DOMINICAN REPUBLIC

provides passenger service to these and s of the Caribbean on modern freighters out rk, New Orleans, Baltimore and Montreal

Shopping will be one of the highlights of your trip. You'll see many products of the Caribbean and of Europe you'll want. And you will visit ports where the prices are temptingly low.

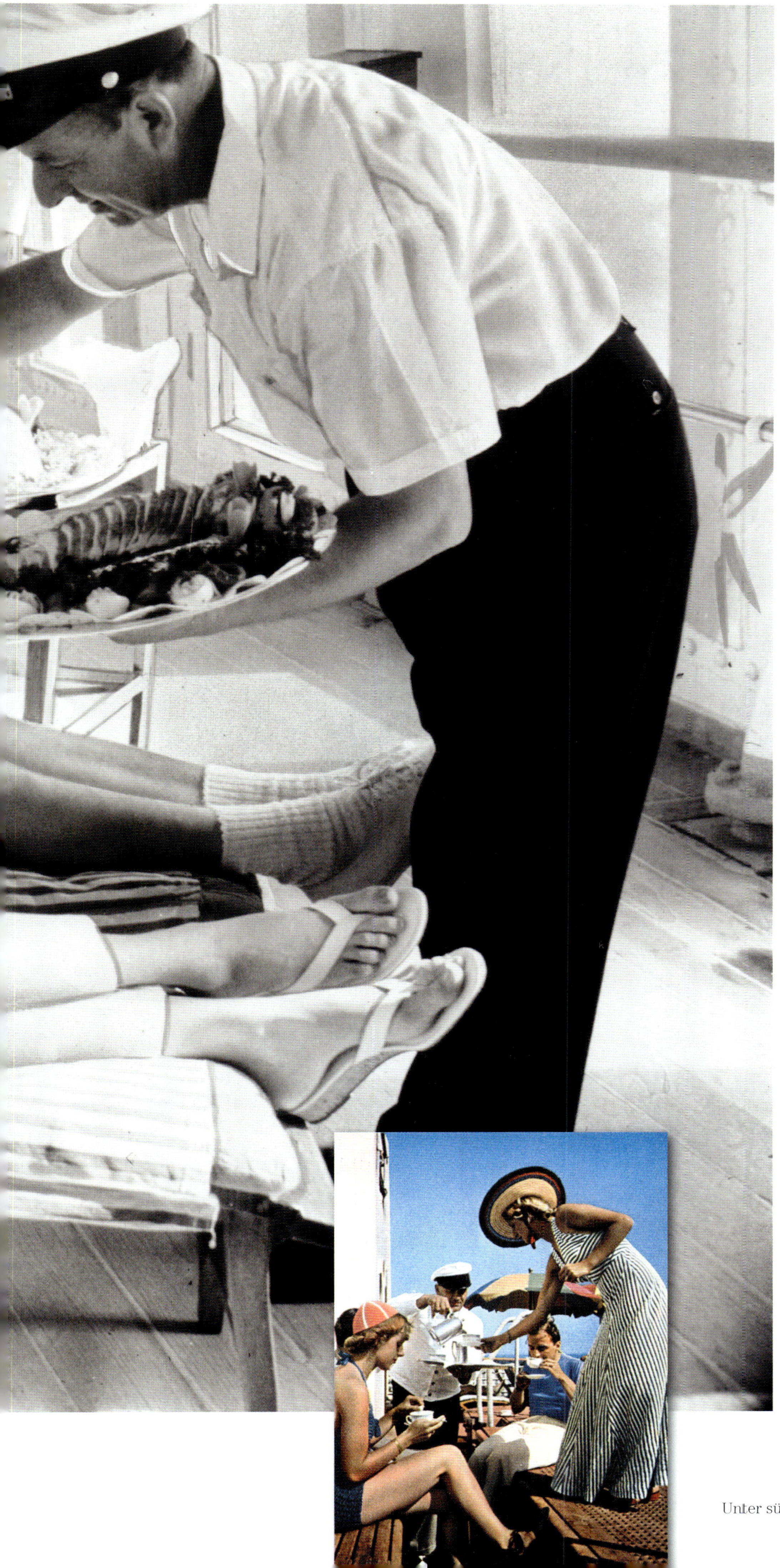

Links
Kalter Imbiss an Deck eines Kreuzfahrtdampfers in tropischen Gewässern, 1967.
Vignette: »Tea time« auf der *Milwaukee* der Hapag, um 1938.

Folgende Doppelseite
Sport und Spiel an Bord der Kreuzfahrtschiffe. Von oben nach unten: »Deck-Tennis« auf der *Awatea* (1936), »Quoits« auf der *Empress of Australia* (1934), Wasserball auf der *White Star* (um 1930), Kartenspiel, ein Geschenk der Hapag (um 1935), eine Partie Shuffleboard (um 1930) und »Pferderennen« auf dem Deck der *Laconia* (um 1928).

Seite 148
Album von einer Karibikkreuzfahrt 1979 auf der *Carnivale* der Carnival Cruise Lines. Das 1955 in Dienst gestellte ehemalige Transatlantikschiff *Empress of Britain III* der Canadian Pacific wurde 1964 unter der Ägide der Greek Line zu *Queen Anna*, bevor es 1976 zu Carnival kam. Der Zeitgeist von *The Love Boat* ist nicht fern … »Wir haben noch nie solche Ferien verbracht! Einfach genial […]. Dieses Schiff ist wie ein schwimmendes Hotel. Wenn wir nur unseren ›room boy‹ mit nach Hause nehmen könnten!« So heißt es auf dieser Postkarte.

Seite 149
Lido-Deck und Swimmingpool auf Deck 9 der *Carnival Spirit* der Carnival Cruise Lines. Das Werk des Architekten Joseph (Joe) Farcus, der seit 1972 für das Design aller Schiffe der amerikanischen Reederei verantwortlich zeichnet, wurde 2001 in Dienst gestellt. Von November bis April ist die *Carnival Spirit* in der Karibik unterwegs, von Mai bis September kreuzt sie in den Gewässern um Alaska und fährt auf dem Rückweg durch den Panamakanal nach Hawaii. Heute ist ihr Heimathafen San Diego; von dort läuft sie zu Winterkreuzfahrten an die mexikanische Riviera aus.

Seite150–151
Dieses groteske Tribunal unter dem Vorsitz Poseidons und seiner Gattin Amphitrite ist Teil der berühmten Zeremonie der »Äquatortaufe«, hier abgehalten auf dem Kreuzfahrtschiff *S.S. Brazil* der Moore-McCormack Lines, 1951. Nachdem der Neuling in einem Meerwasserbecken von all den Schlacken seiner früheren Existenz reingewaschen worden war, erhielt er in seinem neuen Leben einen seefahrtbezogenen Namen und eine Urkunde.
Vignette: Urkunde, ausgestellt im März 1933 auf der *Resolute* der Hapag.

Atlantic
Holidays

sports

the fun ship
tss Carnivale
registered in Panama
SAN JUAN
PM
22 MAR
CARNIVAL CRUISE LINES
820 Biscayne Blvd., Miami, Florida 33132

Behold the King
S.S. BRAZIL
M
M
MOORE-McCORMACK
LINES

Domain of Neptunus Rex

To all Sailors wherever ye may be and to all Mermaids and other Living Things of the Sea

Greeting:

Know ye That on this 10th day of March 1933 in latitude 0° and longitude 105 there appeared within the limits of our Royal Domain the S.S. "Resolute"

Be it remembered: That it has been Our Royal Pleasure to graciously allow

a Passenger on board the Steamer We have just named to cross the Line and that We have duly attmitted to the

Solemn mysteries of the Ancient Order of the Deep.

The ceremonies prescribed by the Laws of Our Realm have also been duly performed.

Given under Our Hand and Seal this 10th day of March A.D. Nineteen hundred and thirty three

Neptunus Rex

THE *Franconia* 1936 AROUND THE WORLD CRUISE

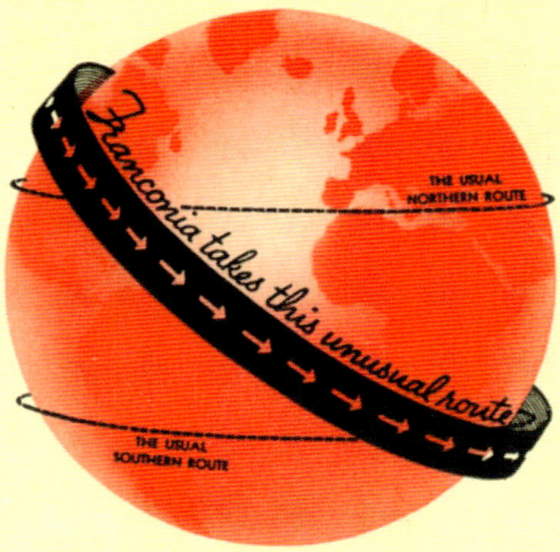

WELTREISE
KREUZFAHRT
WELTREISE

Rund um die Welt
Die Königin der Kreuzfahrten

Teilnehmer der von dem Reiseveranstalter Frank C. Clark veranstalteten Kreuzfahrt um die Welt auf dem Hapag-Dampfer *Cleveland*. Sie führte von New York nach San Francisco und dauerte von Oktober 1911 bis zum 30. Januar 1912.
Vignette: Als Andenken für die Reisenden gedruckte Teilnehmerliste der ersten Weltumrundung vom 16. Oktober 1909 bis zum 31. Januar 1910.

Vorhergehende Seiten
Titelseite des Prospekts für eine Weltumrundung 1936 mit der *Franconia* von Cunard. An Bord dieses Schiffs hatte Cole Porter bei einer Kreuzfahrt im Winter davor seinen Hit *Begin the Beguine* komponiert.
Vignette: Nach ihrer Abfahrt von Melbourne traf die *Empress of Britain (II)* der Canadian Pacific Anfang April 1938 am Terminal Pipitea in Wellington, Neuseeland, ein. Danach lief sie aus zu ihrer sechsten Weltumrundung über Suva (Fidschi), Honolulu, San Francisco und schließlich New York.

Linke Seite
Mit den beiden anderen *Queens* der britischen Reederei, die die Tradition der eleganten Cunard-Schiffe fortsetzen, läuft die Ende 2007 gelieferte *Queen Victoria* alljährlich zu Kreuzfahrten von mehr als hundert Tagen rund um den Globus aus. Als Reminiszenz an die Pracht der Transatlantikschiffe von einst hängt in der »Grand Lobby« ein Bronzerelief des britischen Bildhauers John McKenna mit einer stilisierten Plastik eines solchen Schiffs.

Als Eleanor Phelps sich am 21. November 1922 um 10.45 Uhr am Kai 54 der Chelsea Piers in New York, West Side Manhattan, anschickte, zusammen mit 415 weiteren Passagieren an Bord des nagelneuen Cunard-Liners *Laconia* zu gehen, war ihr durchaus bewusst, dass sie an einem bedeutenden Ereignis teilnahm: der ersten Kreuzfahrt rund um die Erde auf ein und demselben Schiff und mit demselben Abfahrts- und Zielhafen. Der vermögenden jungen Frau aus Aiken in South Carolina, die in Begleitung ihrer Mutter und ihrer Schwester reiste, war ebenfalls klar, dass dieses Unternehmen für die britische Reederei die erste Kreuzfahrt um die Welt schlechthin war. Alle Zeitungen, die über das Ereignis berichteten, wussten, dass die Initiative zu einer solchen Reise auf die Hamburg-Amerika Linie (Hapag) zurückging, die zu Beginn des Jahrhunderts als Erste ein solches Abenteuer gewagt hatte.

Eine unvollständige Weltreise: die Cleveland

Tatsächlich sollte das allererste Kreuzfahrtschiff im Sommer 1900 zu seiner Jungfernfahrt auslaufen, und diese sollte in 135 Tagen um die Welt führen. Die luxuriöse *Prinzessin Victoria Luise* der Hapag war tatsächlich ausschließlich zu diesem Zweck gebaut worden und entsprechend reichlich mit Personal versehen. Nicht weniger als 160 Besatzungsmitglieder umsorgten nur 180 Passagiere. Doch wegen eines Streiks der Werftarbeiter, die angesichts der horrenden Preise für die Luxuskabinen mit ihrem mageren Lohn nicht mehr zufrieden waren, wurde das Schiff nicht rechtzeitig fertig, und die Weltreise fand nicht statt.
Nach weiteren geplanten Fahrten, die vor allem am 1904 ausgebrochenen Russisch-Japanischen Krieg scheiterten, gelang es schließlich der amerikanischen Touristikfirma Frank C. Clark, einen Dampfer der Hapag, die *Cleveland*, zu chartern und für die Zeit vom 15. Oktober 1909 bis zum 31. Januar 1910 die erste Kreuzfahrt um die Welt mit 818 vermögenden Passagieren zu organisieren. Die Weltreise war allerdings unvollständig: Das Schiff legte in New York ab, überquerte den Atlantik und das Mittelmeer, fuhr durch den Suezkanal nach Indien und Ostasien und kehrte von dort über den Pazifik nach San Francisco zurück. Im Februar 1910 brach die *Cleveland* mit 756 Passagieren in entgegengesetzter Richtung zu ihrer zweiten Weltreise auf und kehrte dann wiederum nicht nach New York, sondern nach Hamburg zurück.

Die sorgfältige Vorbereitung und zuverlässige Organisation der Fahrten, Ausflüge und Hotelübernachtungen an Land war der Schlüssel zum Erfolg einer Kreuzfahrt um die Welt. Hier ein Gruppenfoto der Mitarbeiter des Reisebüros an Bord der *Cleveland* bei der Kreuzfahrt 1911/1912. »Sie arbeiteten hart, damit alles gut vonstatten ging, und viele von ihnen taten weiter ihre Pflicht, auch wenn sie sich dieser hätten entziehen und selbst auf Besichtigungstour gehen können«, meinte ein Passagier anerkennend.

Da die Fahrt eines ausländischen Schiffs zwischen zwei amerikanischen Häfen nach US-amerikanischem Gesetz unzulässig war, wurde die Hapag mit einer drastischen Geldstrafe belegt. Zum Glück hob der Generalstaatsanwalt die Strafe schließlich wieder auf.

Jedenfalls hatte dieses Programm großen Erfolg, als dessen Vater Frank C. Clark galt, der Direktor der gleichnamigen amerikanischen Touristikfirma. »Mr. Clark hat alles in seiner Macht Stehende getan, damit auf dem gesamten Schiff jeder sich so wohl wie möglich fühlte. 750 Personen von ihrem Wohnsitz in den ganzen Vereinigten Staaten von Amerika abzuholen [...], mit ihnen um die Welt zu fahren, sie in den verschiedenen Zwischenhäfen an Land zu bringen, sie in Pferdewagen, Rikschas oder jedes beliebige andere Fahrzeug zu setzen, sie soweit möglich in den besten Hotels an der Küste unterzubringen, ihnen zu Fremdenführern zu verhelfen etc. und alle zufriedenzustellen. Das ist eine wunderbare Leistung, die ein großes Lob verdient«, meinte George Tom Bush, der an der zweiten Kreuzfahrt teilnahm.

Durch diese auch in den darauffolgenden Jahren wiederholten Erfolge bestärkt, begründeten die Reedereien mit der Fahrt der *Cleveland* eine neue Wintertradition. Ab 1911 ging die Hamburg-Amerika Linie dazu über, alljährlich selbst solche Kreuzfahrten zu veranstalten. Seit der Eröffnung des Panamakanals 1914 konnten richtige Weltreisen durchgeführt werden, und die Hapag nahm diese Route sofort für die *Cleveland* und die *Cincinnati* in ihre Planungen auf. Die beiden Schiffe sollten am 30. Dezember 1914 bzw. am 14. Januar 1915 auslaufen und fünf Monate später in ihren Heimathafen zurückkehren – doch wieder einmal machte der Krieg alle Pläne zunichte.

Rechte Seite
Kreuzfahrt im Jahr 1913: Eine Gruppe von Passagieren der *Cleveland* besichtigt die heilige Höhle der Göttin Benten auf der Halbinsel Enoshima in Japan. Noch heute wird die Höhle nur im Kerzen- oder Laternenschein besichtigt.

Folgende Doppelseite
Mit den luxuriösen *President*-Schiffen der Dollar Steamship Lines konnte man in jeder Woche des Jahres von New York, Los Angeles oder San Francisco aus zu einer Weltreise via Hawaii und die »Sonnenroute« aufbrechen. In dieser kleinen Zusammenstellung findet sich eine Karte der Route »Rund um die Welt«, die von der amerikanischen Reederei in den 1920er-Jahren angeboten wurde, die Teilnehmerliste einer Kreuzfahrt von 1932 und ein Kofferaufkleber des Kyoto Hotels in Japan.

Die 110-tägigen Kreuzfahrten der *Cleveland* waren so beliebt, dass die Hapag im Frühjahr 1914 für Januar 1915 gleich zwei 135-tägige Weltreisen im Abstand von vierzehn Tagen ankündigte, eine davon mit dem Schwesterschiff *Cincinnati*. Doch der Erste Weltkrieg machte diese Pläne zunichte.

GUEST LIST
EUROPE
ASIA
BLACK SEA
CASPIAN SEA
MEDITERRANEAN SEA
SUEZ CANAL
ALEXANDRIA
EGYPT
CHINA
CEYLON
COLOMBO
HONG KONG
MANILA
PHILIPPINE ISLANDS
SINGAPORE
BORNEO
SUMATRA
JAVA
AUSTRALIA
The Cheerful Dining-Saloon

NORTH AMERICA
SOUTH AMERICA
PACIFIC OCEAN
ATLANTIC OCEAN
ADMIRAL ORIENTAL LINE
DOLLAR STEAMSHIP LINE
From Naples, Genoa and Marseilles to Boston and New York
SAN FRANCISCO
LOS ANGELES
HONOLULU
HAWAII
NEW YORK
BOSTON
HAVANA
CUBA
HAITI
PORTO RICO
JAMAICA
PANAMA CANAL
COLON
BALBOA
Practicing Golf Strokes
A Dance in the Verandah Cafe
KYOTO HOTEL
KYOTO JAPAN

Empress OF Britai
127-DAY
WORLD
CRUISE
FROM
NEW YORK
JAN. 7, 1935
Canadian Pacifi

Linke Seite
»Meine Erwartungen waren hoch, wurden jedoch derart übertroffen, dass kein Wort, kein Begriff es angemessen wiedergeben kann. Es ist Schönheit und Reinheit und zarteste Anmut. Das Weiß von Wolken und feiner Spitze, die Wärme aus dem Innern des Gehäuses bildeten zusammen ein vollkommenes, ätherisches Ganzes. […] Nach dem Abendessen […] sahen wir es im Licht der Sterne, die es mit ihrem Schimmer umgaben, und sein verschwommenes Spiegelbild im Wasser ließ es wie eine Märchenwelt erscheinen«, schrieb Eleanor Phelps am 15. Februar 1922 nach einem Besuch des Taj Mahal in ihr Tagebuch.
Vignette: Titelseite der Broschüre für eine Kreuzfahrt der *Empress of Britain* 1939 (Gestaltung: Norman Fraser, 1938).

Die erste echte Weltreise eines Kreuzfahrtschiffs: die Laconia

Die 1922/23 von der American Express Company gecharterte *Laconia*, die als »das Schiff der Millionäre« bezeichnet wurde, obwohl es an Bord in Wahrheit nur eine Handvoll superreicher Passagiere gab, verbrachte 80 Tage auf See, hinzu kamen 50 Tage für Landausflüge. Ihre Route – von New York aus in westlicher Richtung um den Globus – wurde zu einem Kreuzfahrtklassiker für eine vorerst überwiegend amerikanische Kundschaft.

Nach einem Zwischenstopp in Havanna und der Fahrt durch den Panamakanal erreichte man nach zehntägiger Seefahrt San Francisco. Von dort aus ging es weiter nach Hawaii und über den Pazifischen Ozean nach Yokohama. Man machte Halt in den japanischen Städten Tokio, Kyoto und Kobe und setzte anschließend über auf die koreanische Halbinsel. Von Shanghai aus reisten manche nach Peking und gingen in Hongkong wieder an Bord, während andere Taiwan besuchten. Die nächsten Stationen waren Manila, Java, Singapur, Birma und Indien. Eleanor Phelps reiste mit dem Zug durch Indien und besuchte Kalkutta, Darjeeling, Benares – wo zwei betagte Passagiere einer Ruhrepidemie zum Opfer fielen –, Lakhnau, Agra, Delhi, Jaipur, Baroda und Bombay, wo die *Laconia* wartete.

Die Fahrt ging weiter durch den Suezkanal zum Mittelmeer; manche Passagiere fuhren von Khartum aus nilaufwärts, andere reisten nach Jerusalem oder Kairo. Ein paar Glückspilze erlebten sogar die Ausgrabungen vom Grab Tutanchamuns mit, das ein paar Monate zuvor entdeckt worden war. Den Reisenden zu Ehren wurde im Winter Palace Hotel in Luxor ein Ball gegeben. Tage später trafen alle in Alexandria zusammen, um wieder an Bord der *Laconia* zu gehen, die Kurs auf Neapel (mit Herculaneum, Pompeji und der Amalfiküste …) nahm, dann nach Monte Carlo (Besuch von Nizza und der Côte d'Azur) weiterfuhr und schließlich Gibraltar (mit Algeciras) erreichte, die letzte Etappe vor der Atlantiküberquerung.

Rechts
Während ihrer Fahrt durch den Panamakanal am 29. November 1922 speisten die Passagiere der *Laconia* (Vignette) im Tivoli, einem 1907 auf einem Hügel von Ancón in der Nähe von Balboa und Panama-Stadt eröffneten Hotel. Als einziges Spitzenhotel in dieser Region konnte es fast 700 Gäste gleichzeitig bewirten. Seine Spezialitäten wie Schildkrötensuppe Ancón, Rinderfilet à la Culebra, Spargel aus Brazos Brooks und geschmorte Vögel von Gatún waren berühmt, doch die Passagiere wollten lieber amerikanisch speisen.

AT AMBER

THE PALACE COURT
AMBER

Eleanor Phelps und ihre Mutter fuhren mit dem Wagen nach Amber, eine verlassene Stadt nahe Jaipur. Sie ritten auf Elefanten zum Fort Amber hinauf. »Wenn man nicht auf einem Elefanten geritten ist, weiß man nicht, wie langsam man sich fortbewegen kann. Die Sonne brannte, und wir wurden hin- und hergeschaukelt und durchgeschüttelt.« Seite aus Eleanor Phelps' Album, datiert vom 20. Februar 1923.

Rechte Seite
Die Canadian Pacific, die 1891 gewissermaßen die Kreuzfahrt um die Welt erfand, als sie beschloss, die Überführungsfahrten ihrer drei neuen Dampfer als Weltreisen auszuschreiben, stieg 1922, im selben Jahr wie Cunard, in das reguläre maritime Weltreisegeschäft ein. Plakat von R. Holling (1924).

OIDCITY DFAMBER

THE MOTOR CAR OF THE EAST

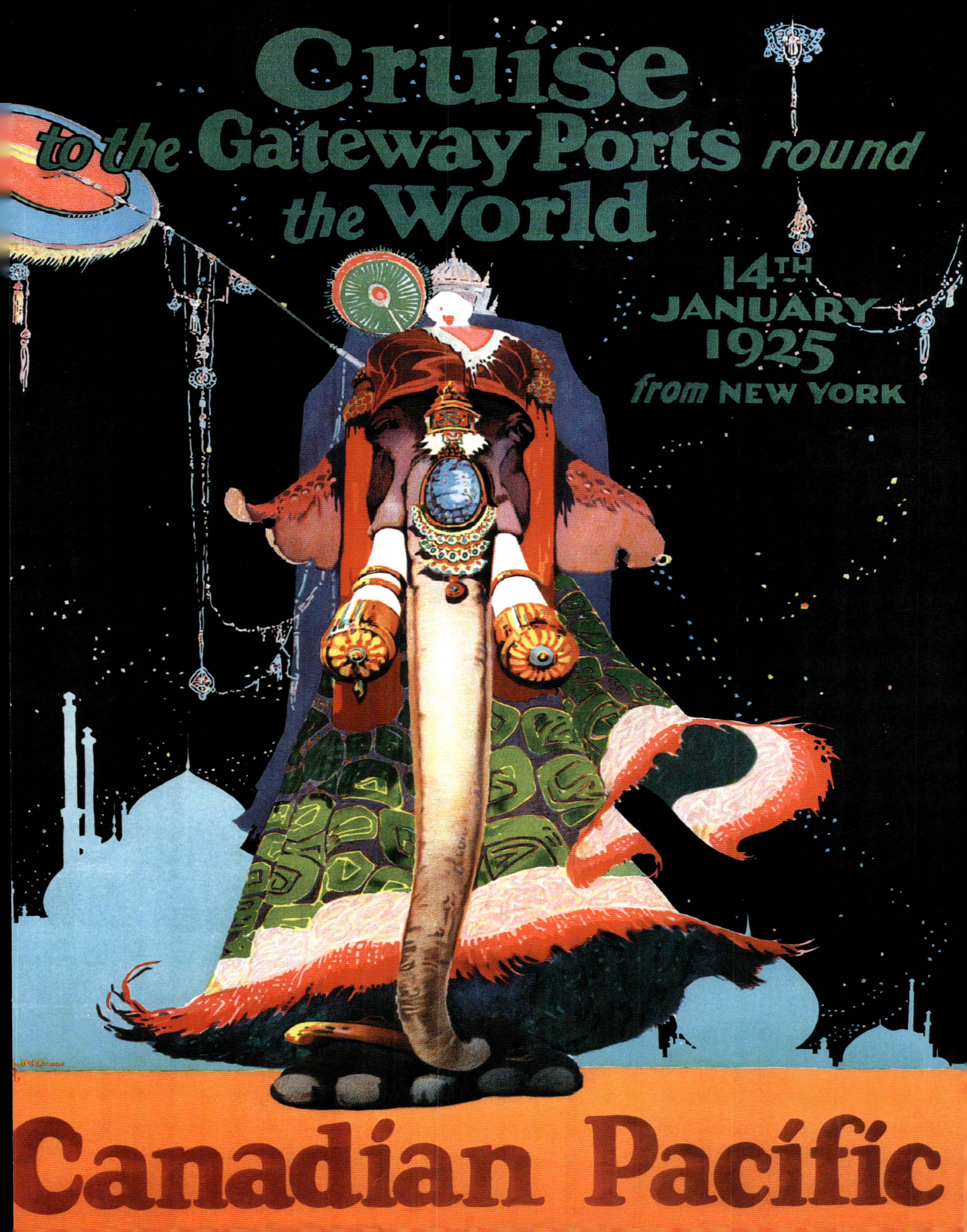
Cruise
to the Gateway Ports round
the World
14TH
JANUARY
1925
from NEW YORK
Canadian Pacific

Links
Passagiere der *Empress of Scotland* der Canadian Pacific am Hafendamm in Gibraltar während der Kreuzfahrt um die Welt vom 3. Dezember 1925 bis zum 10. April 1926 (Fotografie von Harry Pollard).

Rechte Seite
Die *Crystal Symphony* der Crystal Cruises läuft aus dem Hafen von Sydney aus. Das Tochterunternehmen der japanischen Reederei Nippon Yusen Kaisha (NYK) bietet jedes Jahr eine originelle und einzigartige Kreuzfahrt um die Welt an. 2013 macht die *Symphony* eine Weltumrundung von Auckland (Neuseeland) nach Los Angeles in 98 Tagen; die Route führt über Australien, Indonesien, Malaysia, Singapur, Thailand, China, Südkorea, Japan, Russland, Alaska und Kanada.

Nach diesem gelungenen Start machten alljährlich vier oder fünf Passagierdampfer – häufig in Charter von amerikanischen (American Express, Frank C. Clark, Raymond-Whitcomb) oder englischen (Thomas Cook) Touristikunternehmen – eine oder zwei Winterkreuzfahrten um die Welt. Diese dauerten zwischen 80 und 140 Tage und hatten 20 bis 40 Anlaufhäfen im Programm. In den 1920er- und 1930er-Jahren waren die *Belgenland* der Red Star Line, die *Laconia*, *Samaria* und *Franconia* von Cunard, die *Resolute* und die *Reliance* der Hapag und die *Empress*-Schwestern der Canadian Pacific (*France*, *Britain* und *Scotland*), die *Kungsholm* der SAL, die *Columbus* und die *Bremen* des NDL die beliebtesten und renommiertesten Schiffe. Nach dem Zweiten Weltkrieg wurden viele Transatlantikschiffe im Kreuzfahrtdienst rund um die Welt eingesetzt, so etwa die *Rotterdam* der Holland American Line, die ab den 1960er-Jahren 29 legendäre Kreuzfahrten um die Welt unternahm. Dagegen brachte es die *France* der French Line 1972 und 1974 nur auf zwei Reisen von mehr als vier Monaten Dauer, während die *Queen Elizabeth II* im Lauf ihrer langen Karriere deren 25 machte. In den 1930er-Jahren verzichteten die meisten Reedereien wegen der italienischen Kolonialkriege auf die Mittelmeerroute und ließen die Schiffe über Südafrika fahren. Die Zwischenhäfen, die durch die Konflikte in Ostasien unsicher geworden waren, wurden durch Bali, Formosa, Borneo, Somalia, Australien ersetzt. Doch noch immer wurde Hongkong angelaufen, denn die Chinesische Mauer wollten sich die Passagiere keinesfalls entgehen lassen. Zwar waren diese weltumspannenden Seereisen für ihre Reedereien kaum rentabel – die Passagierdampfer waren bestenfalls zu 50 Prozent ausgelastet –, aber sie trugen ganz wesentlich zu deren Prestige bei.

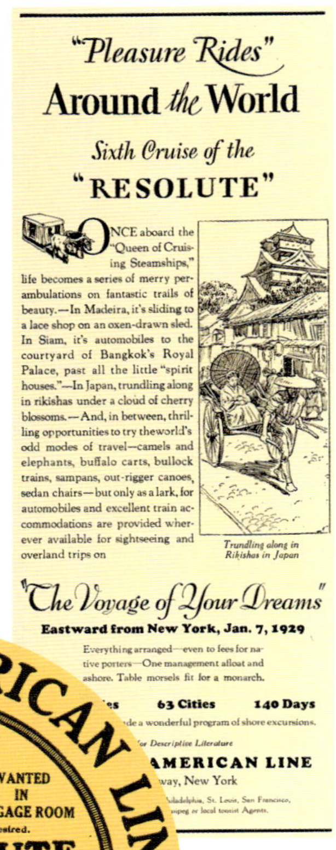

Rechts
Werbung in einer Zeitung von 1928 für die sechste Weltreise mit der *Resolute* der Hapag, die »Königin der Kreuzfahrtschiffe« genannt wurde, und Gepäckaufkleber (1930er-Jahre).

Nach dem Erfolg der beiden ersten Kreuzfahrten mit der *Cleveland* in den Jahren 1909 und 1910 gab die Hapag als Erinnerung, aber auch zu Werbezwecken, ein Album mit den von ihren Schiffen *Prinzessin Victoria Luise*, *Meteor* und *Cleveland* angelaufenen reizvollsten Zielen heraus. Die Fotos zeigen das Innere der Passagierdampfer sowie einen Teil der Stationen auf der Route der ersten Weltreise: Mittelmeerraum, Orient und Indien. Wie bei den vorhergehenden Alben stammt der geprägte Ledereinband aus der Werkstatt des Hamburger Buchbinders und Kunsthandwerkers Georg Hulbe.

Von links nach rechts und von oben nach unten
Blick auf den Hafen von Funchal, Madeira, der ersten Station nach der Abfahrt von New York.

Spaziergang durch die Straßen oberhalb des Hafens und der Reede von Villefranche-sur-Mer.

Der Hafen von Neapel, im Hintergrund das Castel Sant'Elmo auf dem Hügel Vomero.

Der Hafen von Palermo, Sizilien, mit dem Monte Pellegrino.

In der Lagune von Venedig: Die *Meteor* liegt an der Riva degli Schiavoni vor dem Dogenpalast und dem Markusplatz.

SIMO VUCINIC

Von links nach rechts und von oben nach unten
Ein montenegrinischer Händler, der historische Waffen feil bietet. Die Szene ist typisch für Cattaro (das ab 1918 Kotor hieß). Die venezianische Stadt gehörte zum Königreich Dalmatien innerhalb der Doppelmonarchie Österreich-Ungarn.

Bewohner von Korfu vor dem Ankerplatz des Schiffs.

Hafen von Konstantinopel, im Hintergrund Dachterrassen, die Paläste, die Kuppeln und Minarette der Moscheen am Goldenen Horn.

Im Heiligen Land: Pilgerfahrt zum Toten Meer, dem am tiefsten gelegenen See der Erde, und zum Jordan, wo Christus getauft wurde.

Besuch des Großen Sphinx von Gizeh; damals war die Ausgrabungsstätte noch nicht völlig freigelegt.

Der Tempel von Edfu, der dem Gott Horus geweihte zweitgrößte Tempel Ägyptens.

Eingang des Minakshi-Tempels in Madurai, Südindien. Er zählt zu den meistbesuchten heiligen Stätten Indiens.

Eingang zu einer der historischen Höhlen auf der Insel Elephanta, zehn Kilometer östlich von Bombay, am Arabischen Meer. Die Skulpturen in den Höhlen wurden zwischen dem 6. und dem 8. Jahrhundert aus dem Basaltfelsen herausgehauen.

In Benares sehen die Passagiere der *Cleveland* Tausenden von hinduistischen Pilgern beim Bad im Ganges zu.

Ruhe und Entspannung im Grand Hotel Mount-Lavinia an der Westküste Ceylons (heute Sri Lanka).

Linke Seite
Auf Kreuzfahrten um die Welt waren die Entfernungen zwischen zwei Reisezielen oft lang, und man freute sich auf die Mahlzeiten. So wurde fast rund um die Uhr gegessen. »Tea time« an Deck eines nicht näher identifizierten Kreuzfahrtschiffs (um 1960).

Unten
An Bord des nagelneuen, ganz für die Touristenklasse gebauten Mehrzweckschiffs *Statendam (IV)* (1957) veranstaltete die Holland-America Line (HAL) ihre erste Kreuzfahrt um die Welt. Abfahrt war am 7. Januar 1958 in New York. Der Spielsalon der *Statendam* mit dem typischen Fünfzigerjahre-Dekor – altrosa Sessel, Teppichboden und plüschige Atmosphäre – war zusammen mit dem Hauptsalon der von den Kreuzfahrtpassagieren am meisten frequentierte Ort.
Vignette: Prospekt zu dieser Kreuzfahrt (Detail).

Fünf Monate auf einem Schiff

Für die meisten Passagiere war eine solche Reise ein einzigartiges Erlebnis, denn nur wenigen war es vergönnt, eine zweite zu unternehmen. Bis zu den 1950er-Jahren nahmen die Passagiere in der Regel an der gesamten Kreuzfahrt teil, und es kam nur selten vor, dass Fahrgäste unterwegs zustiegen. Und wenn doch, dann handelte es sich zumeist um Verwandte oder Freunde der Kreuzfahrtpassagiere. Heute hingegen ist es durchaus möglich, sich lediglich »eine Portion Kreuzfahrt« auszusuchen. In der Regel lassen sich solche Arrangements ab acht Nächten an Bord buchen, je nachdem, wie viel Zeit und Geld man für die Reise aufwenden kann.

Wie der Schifffahrtshistoriker John Maxtone-Graham zu berichten weiß, waren solche Neuankömmlinge bei den »alten Hasen« keineswegs gern gesehen. Denn oft waren sie der Meinung, dass durch solche Veränderungen auf der Passagierliste das soziale Gleichgewicht und der Zusammenhalt der Reisegesellschaft gestört wurden. Tatsächlich ist es nicht immer leicht, 90 bis 130 Tage lang mit denselben Menschen zusammenzuleben. »Im ersten Monat sind alle sehr höflich und versuchen, neue Freunde zu finden. Im zweiten Monat haben sich alle eine Meinung über einander gebildet, alle sind taxiert worden, und alle haben sich miteinander angefreundet oder zumindest arrangiert. Am Ende des zweiten Monats beginnt man, einander auf die Nerven zu gehen, und jeder schimpft über jeden. Doch am Ende der Kreuzfahrt weinen alle, weil sie nicht auseinandergehen wollen!«

Damit bei den langen Überfahrten auf hoher See keine Langeweile aufkam, bestimmten die unterschiedlichsten Aktivitäten den Rhythmus der Tage und Abende: Es gab Konzerte, Bälle, »Pferderennen«, Bridge- oder Euchre-Turniere, diverse Decksspiele und allerlei andere Wettbewerbe. Man ruhte sich aus, las viel und bildete sich auch weiter. So hielten namhafte Referenten Vorträge über die Religionen in den Ländern, die man als nächste besuchen würde, über deren Sitten und Gebräuche. Es wurden aber auch aktuelle politische Themen behandelt, zum Beispiel die Beziehungen zwischen Mussolini und dem Papst, der Zionismus und seine Bedeutung für die arabische Welt oder der aufkommende Nationalismus in Indien. Die Passagiere fanden sich entweder nach Neigung oder nach geografischer Herkunft zu Gruppen zusammen, die sich miteinander die Zeit vertrieben. Für die Fotoamateure war eine Kabine zur Dunkelkammer umfunktioniert worden, in der Filme entwickelt und Papierabzüge belichtet werden konnten, und im Club der Weitgereisten wurden nicht alltägliche Erfahrungen ausgetauscht. Es gab auch Zusammenschlüsse von Angehörigen einzelner US-amerikanischer Bundesstaaten. Die Freimaurer fanden sich in Logen zusammen; die »Söhne und Töchter der Amerikanischen Revolution« und die Mitglieder der »Society

Folgende Doppelseite
Passagiere der *Franconia*, scherzhaft als »Franconians« bezeichnet, nehmen ein Sonnenbad am Bug des Schiffs, nachdem sie sich im Swimmingpool erfrischt haben. Kreuzfahrt vom 15. Januar bis zum 31. Mai 1929, in Charter bei Thomas Cook und unter der Leitung von Kapitän E. T. Britten.

of the Cincinnati«, altehrwürdige patriotische Verbände der Vereinigten Staaten, organisierten Feiern zu Washingtons und Lincolns Geburtstag. Auf der *Resolute* bildeten einige ältere Damen einen »Club der lustigen Witwen«. Auch kam es keineswegs selten vor, dass auf diesen Kreuzfahrten um die Welt Romanzen entstanden. Bei der zweiten Kreuzfahrt der *Cleveland* 1910 erlangten zwei verliebte junge Leute vom Erzbischof von Canterbury die Sondererlaubnis, sich vor ihrer Rückkehr in die USA in London trauen zu lassen, und wie der Schriftsteller Maxtone-Graham berichtet, konnte sich eine besonders attraktive Witwe auf der ersten Weltreise der *Franconia* allein zwischen New York und San Francisco über ein Dutzend Heiratsanträge freuen!

Um eine solche schwimmende Kleinstadt fast fünf Monate lang zu ernähren, waren entsprechende Vorräte erforderlich. 1924 nahm die *Belgenland* für ihre 450 Passagiere und 600 Besatzungsmitglieder folgende Mengen an Lebensmitteln an Bord: 30 Tonnen Rindfleisch, 9 Tonnen Geflügel, 6 Tonnen Lammfleisch, 3 Tonnen Schweinefleisch, 2 Tonnen Kalbfleisch, 8 Tonnen Bacon, 7 Tonnen Schinken und 70 Tonnen Gemüse, davon 60 Tonnen Kartoffeln, 600 Fass Mehl, 4 Tonnen Kaffee und 5 Tonnen Zucker. Fisch, Gemüse, Obst und Eis wurden bei jedem Zwischenstopp frisch eingekauft. Bei ihrer Kreuzfahrt von 1932 bunkerte die *Empress of Britain* an Getränken 3000 Flaschen Champagner, 3000 Flaschen Rotwein, 2400 Flaschen Weißwein, 3600 Flaschen Whiskey, 69 000 Flaschen Bier, 32 100 Flaschen Mineralwasser. Damit ja kein Passagier krank wurde, weil er an den jeweiligen Zielorten an verdorbenes Wasser geriet, führte die *Empress of France* in ihren Tanks sauberes Trinkwasser aus New York mit. Bereits 1909 beförderte die *Cleveland* 3200 Tonnen Trinkwasser in ihrem Laderaum.

Zu Fuß, zu Pferd, mit dem Zug, mit dem Wagen …

Auf ihrer Kreuzfahrt um die Welt probierte die bereits erwähnte Eleanor Phelps zahlreiche Verkehrsmittel bzw. Transportarten aus: Auto, Zug, Nachtzug mit Pullman-Wagen, Bus, Fähre in Korea, Rikscha in Japan, Sänfte in Hongkong, Dandy-Wallah (eine Art Tragstuhl) in Darjeeling, Tragsessel in Kanton, von einem Pferd oder einem Elefanten gezogene Tonga in Rajasthan, Esel und Dromedar in Ägypten … Die Reisenden waren häufig durchaus wissbegierig und gegenüber Begegnungen mit Einheimischen sehr aufgeschlossen – sofern diese einer vergleichbaren sozialen Schicht angehörten. Das abwechslungsreiche Besichtigungsprogramm wurde daher sorgfältig geplant: Zigarrenfabriken

Rechte Seite
Pak Nam, Thailand, an der Mündung des Flusses Chao Phraya: Teilnehmer der Kreuzfahrt auf der *Franconia* 1929 steigen aus dem Tender, um den Zug in das rund 20 Kilometer entfernte Bangkok zu nehmen.
Vignette: Deckblatt der Broschüre von 1937.

Unten
In Yokohama entdeckten die Kreuzfahrer der *Laconia* ein neues Transportmittel. »Das einzige Geräusch war das leise ›Plop Plop‹ der Füße des Kulis im Schlamm. Die Männer laufen in einem stetigen, ziemlich schnellen Trab, und man fragt sich, warum sie nicht schon nach kurzer Zeit erschöpft sind. Die Rikschas sind sehr bequem […], und es ist eine ausgesprochen romantische Art der Fortbewegung«, schrieb Eleanor Phelps am 28. Dezember 1922.
Vignette: Kofferaufkleber des Imperial Hotel in Tokio, wo die Passagiere der *Laconia* nach der Besichtigung des Großen Buddha von Kamakura den Tee nahmen. Das von Frank Lloyd Wright 1916 gebaute Hotel erinnerte manche Gäste an das Grand Canyon Hotel im Yellowstone Park, war aber luxuriöser.

RANCONIA
1937
ORLD CRUISE

شبرد
مصر
SHEPHEARD'S
CAIRO

Rechts
Portal des um 1870 unter dem Namen Grand Hotel eröffneten Oberoi Grand in Kalkutta. Es war berühmt für seinen grünen Garten inmitten der indischen Großstadt; heute ist daraus ein Patio mit einem Swimmingpool im Schatten mächtiger Palmen geworden.

Linke Seite
Restaurant des legendären Shepheard's in Kairo um 1930. Obwohl es nach der Eröffnung des Suezkanals [1869] Konkurrenz durch neue Hotels bekam, behielt dieses Haus, das seit Mitte des 19. Jahrhunderts eine echte gastronomische Institution war, weiterhin seine hervorgehobene Stellung. Die Inneneinrichtung wurde in den 1920er-Jahren stark »orientalisiert«.
Vignette: Kofferaufkleber aus den 1950er-Jahren.

und eine Brauerei in Havanna, eine Zuckerfabrik in Honolulu, eine Parfümmanufaktur in Grasse, eine Kampferfabrik in Taiwan, botanische Gärten, Tempel und Heiligtümer, diverse Paläste … Selbst das Modellgefängnis Bilibid in Manila gehörte häufig zum Programm. Zur Freude der Touristen war auch für ihre Zerstreuung und Kurzweil bestens gesorgt: Es gab Jiu-Jitsu-Vorführungen in Tokio, Wellenreiten auf Hawaii, Hahnenkämpfe in Manila, Geisha-Konzerte in Kyoto, das Spielcasino in Monaco … Doch trotz der gründlichen Vorbereitung durch Reiseveranstalter oder Reedereien blieben Überraschungen nicht aus. So berichtet der amerikanische Schriftsteller George Ade, der im Dezember 1928 an einer Kreuzfahrt um die Welt teilnahm: »Am Dienstagmorgen, dem 5., wachten wir in aller Frühe auf, spähten durch die Bullaugen hinaus und stellten fest, dass die mächtige *Belgenland* sich einen Weg durch Berge von Treibeis bahnte. Wir waren noch kilometerweit vom Hafen Chinwangtao entfernt. Die Temperatur lag unter null Grad. Wir schauten genauer hin und sahen mehrere Kilometer entfernt einen stattlichen Dampfer, der uns entgegenkam und versuchte, sich eine Fahrrinne durch das Eis zu bahnen. Das war ein Erlebnis, das nicht im Programm stand. Wir studierten eingehend die Broschüre über unsere Kreuzfahrt um die Welt, entdeckten darin aber keine Fotografie von einem großen Passagierdampfer, der durch ein Meer mit 20 bis 25 Zentimeter dicken Eisschollen fährt! Wir gingen im Hafen vor Anker, und nachdem unser Tender, ein ziemlich großes Dampfschiff, dem Eis getrotzt hatte, legte er bei uns an. Aber es dauerte Stunden, bis alle ausgeschifft waren, und, oh, was für eine eiskalte Fahrt war das bis zur Mole!«

Eine Überraschung ganz anderer Art erwartete die Passagiere der *Cleveland* 1910 bei ihrem Besuch in Kanton, wo kurz zuvor ein blutiger Aufstand stattgefunden hatte. In Gruppen zu zehnt gingen sie im Gänsemarsch durch die engen Straßen der Stadt, bewacht von zwei Soldaten und zwei Polizisten, von den Einwohnern schweigend angestarrt. Auf Anschlagtafeln stand auf Chinesisch, wer den Amerikanern ein Haar krümme, werde sofort enthauptet. Am Ende einer Straße stießen sie auf eine Hinrichtungsstätte, wo die enthaupteten Leichen von sieben oder acht Flusspiraten und einer Kindsmörderin lagen …

Von solchen Aufregungen konnten sie sich zum Glück im westlichen Komfort der Grand- und Luxushotels erholen, die während der ganzen Kreuzfahrt für sie gebucht waren: Frühstück im Cecil Hotel in Delhi; Mittagessen im Fairmont in San Francisco, im Sevilla Hotel in Havanna, im Negresco in Nizza; Tee im Shepheards in Kairo, im Manila Hotel auf den Philippinen, im Capuccini in Amalfi; Abendessen im Raffles in Singapur, im Winter Palace in Luxor, im Taj Mahal in Bombay oder im Moana

Unten
Kofferaufkleber des Fairmont in San Francisco. Nach dem verheerenden Erdbeben von 1906 wurde das Hotel von Julia Morgan wiederaufgebaut und 1907 eingeweiht. (Collection Marc Walter)

Links
Große Afrikakreuzfahrt der *Caronia* vom 12. Januar bis zum 26. März 1950. Die arabischen und indisch-pakistanischen Händler auf dem Markt in Mombasa, Kenia, warten auf Kundschaft.

Hotel in Honolulu; Übernachtung im Grand Hotel in Kalkutta oder im Imperial Hotel in Tokio … Oft aber fanden sie, dass das bei Weitem komfortabelste Hotel ihr Schiff war: »Noch nie hatte ich mich so gefreut, wieder auf diesen komfortablen Dampfer zu kommen mit seinen Bullaugen, sauberen Laken und weichen Kissen, der Aussicht auf ein schönes heißes Bad und einen freien Tag …«, schrieb Eleanor Phelps, als sie nach zehn Tagen an Land in Shanghai wieder an Bord der *Laconia* ging.

Trotz des ungewohnten Feilschens, an dem die Kreuzfahrtpassagiere bald Gefallen fanden, und des Zolls, den sie für die Ausfuhr von Waren aus den Reiseländern bezahlen mussten, steigerten sich die Touristen in einen wahren Kaufrausch: Edelsteine aus Ceylon; Stickereien und Kimonos, Zuchtperlen, Blumen- und Gemüsesamen, Papier, Strümpfe aus Japan; Seidenkleider, aber auch Radios und Fotoapparate aus Hongkong; Batiken aus Java; Seide, Sandelholz, Elfenbeinschnitzereien und lackierte Teakholzdosen aus Birma; Büffellederfächer aus Singapur; Kupfergegenstände aus Indien … Die *Laconia* kehrte mit vier Tonnen Souvenirs nach New York zurück. Diese wurden in einem extra dafür eingerichteten Raum auf dem Promenadendeck untergebracht: Rattanmöbel, Stoffe und Stickereien aus Madeira, ägyptische Reliquien und Gebetsteppiche, Musikinstrumente, Wandbehänge, Lackmöbel, Porzellan, Eisenwaren, Haushaltswäsche, Seidenstoffe und last but not least allerlei Tiere wie Papageien, Kanarienvögel, Affen und chinesische Chow-Chows – lebende Beweise ihrer Fünf-Sterne-Abenteuer rund um den Globus.

George Ade mag eine abweichende Einzelstimme im Kanon der begeisterten Kreuzfahrer sein, doch offenbar hat ihm seine zweite Kreuzfahrt um die Welt wirklich nicht gefallen: »Das sollte eigentlich eine Vergnügungsreise sein«, schrieb er 1929. »Wir fuhren fünf Monate lang mit demselben Schiff und verbrachten den größten Teil unserer Zeit damit, auf eine endlose, leere Wasserfläche zu starren und Tiefkühlkost zu essen. Wenn man Nahrungsmittel isst, die drei oder vier Monate im Eis verbracht haben, ist das, als ob man versuchen würde, komprimierte Luft zu essen! […] Als wir nach Nordchina fuhren, zeigte das Thermometer 23 Grad unter Null. Kurze Zeit später erreichten wir den Äquator mit 49 Grad im Schatten. Nachdem ich schon mindestens eine Weltreise gemacht habe, frage ich mich ernsthaft, weshalb ich mir das ein zweites Mal antue, wo ich doch ganz einfach auch nach Florida hätte fahren können …«

Oben
Traditionelle koreanische Püppchen. Eleanor Phelps brachte sie im Januar 1923 von ihrem zweitägigen Besuch in Korea, das damals unter japanischer Herrschaft stand, mit.

Rechte Seite
Gestern wie heute kehren die Kreuzfahrttouristen mit Koffern voller Souvenirs von ihren Landausflügen zurück. Einkauf von Andenken, Antiquitäten etc. in der Loggia del Porcellino in Florenz, in den 1930er-Jahren (Foto von Branson DeCou, University of California, Santa Cruz. McHenry Library, Special Collections)

Folgende Doppelseite
Bunte Sammlung zum Thema Hawaii, einem der gefragtesten Ziele von Kreuzfahrten um die Welt: Karte des Pleasanton Hotels (um 1920), Leporello mit Postkartenmotiven (1935), touristische Broschüre und Gepäckanhänger aus den 1930er-Jahren. (Collection Marc Walter)

ACIA DEL CINGH
PPELLERIA

Pleasanton Hotel
PLEASANTON HOTEL
HONOLULU · T.H.
NOLULU, T.H.
HAWAII

Greetings from
HAWAIIAN ISLANDS
SUNSET ON DIAMOND HEAD, HONOLULU
The Matson Liner "Lurline" Enters Honolulu Harbor. This is a Sister Ship of the "Monterey" and "Mariposa"
DAVID KAAPUAWAOKAMEHAMEHA AT HIS ONE-MAN HAWAIIAN VILLAGE
THE CAPITOL, FORMERLY THE ROYAL PALACE, HONOLULU
PRINTED IN U.S.A.
HONOLUL
STATEROOM

Kostümball auf japanische Art. Seiten eines privaten Fotoalbums von einer Kreuzfahrt im Jahr 1935 mit der *Chichibu Maru* (1930), einem Schiff der NYK (Nippon Yusen Kaisha). Die japanische Reederei mit den zwei roten Streifen auf weißem Grund stieg Ende der 1920er-Jahre mit einer Flotte neuer, äußerst luxuriöser Passagierdampfer, der *Asama Maru*, *Chichibu Maru* und *Tatsuta Maru*, ins Kreuzfahrtgeschäft im Pazifik und rund um die Welt ein: Nach dem Zweiten Weltkrieg fand das Unternehmen zwar nicht mehr zu dem in den 1930er-Jahren erworbenen Ansehen zurück, gründete aber Ende der 1980er-Jahre eine Reederei für Luxuskreuzfahrten, Crystal Cruises. Die *Crystal Symphony* brach 1996 zu ihrer ersten Weltreise auf.

Oben
Hier wird auf dem Promenadendeck serviert.

Unten
Die Damen, in ihre beim Japan-Aufenthalt gekauften Kimonos gekleidet, machen sich auf den Weg zu den Herren im großen Salon.

Folgende Doppelseite
Die *Silver Cloud* der Reederei Silversea Cruises, die ihren Sitz in Monaco hat, ankert in der Halong-Bucht in Vietnam. Lange Zeit unternahm sie Kreuzfahrten von fast hundert Tagen um die Welt. Das 1994 in Dienst gestellte Schiff, das für 296 Passagiere ausgelegt ist, bietet nur Kabinen mit Meerblick und Suiten an; der erstklassige Service entspricht dem der besten Grandhotels.

Seite 186–187
Pyrmont/Sydney, Kai 91B, Ende der 1930er-Jahre: Unter einem Regen von Luftschlangen und Konfetti und mit tutendem Nebelhorn legt die *Orion* der Orient Line ab (Fotografie von Franck Hurley). Das 1935 in Dienst gestellte Passagierschiff war das erste britische Schiff, dessen Aufenthaltsräume alle mit Klimaanlagen ausgestattet waren. Bis zum Beginn des Zweiten Weltkriegs, als sie für Truppentransporte eingesetzt wurde, verkehrte die *Orion* im regulären Passagierverkehr nach Australien und wurde zudem gelegentlich für Kreuzfahrten von England aus, insbesondere nach Norwegen, verwendet.

SILVER CLOUD

ORIENT
M
LINE

Literatur

Reiseberichte

George Ade, *Letters of George Ade*, hrsg. von Terrence Tobin, Purdue University Press, 1998.

M. Baumfeld, *Cruising the Mediterranean; Impressions, and Sketches*, Emil L. Boas, New York 1905.

René Bazin, *Nord-Sud*, Calmann-Lévy, Paris 1913.

Carl Beck, *Sonnenblicke vom lateinischen Amerika. Eine Kreuzfahrt nach Westindien, Columbien, Panama und Costa Rica*, Verlag von Leonhard Simion Nf., Berlin 1908.

George T. Bush, *40 000 miles Around the World, A Personal Narration of the Experiences and Impressions of an Energetic Traveller who Crossed the Equator and the Arctic Circle in the Tour*, Howard Hustler Print, Howard, Pennsylvania, 1911.

Canadian Pacific Railway Company, *Two Mediterranean cruises: Empress of Scotland... Empress of France...*, Canadian Pacific, 1930.

Cook's Cruise to the Mediterranean to Orient and Bible Land by the new Hamburg-American Line Twin-Screw Steamship »Moltke«, a 70 day Cruise, leaving New York, Feb. 4. 1903, Thomas Cook & Son, New York 1902.

William Thomas Corlett, *The American tropics, Notes from the log of a midwinter cruise*, The Burrows Brothers Co., Cleveland 1908.

Dans le monde polaire: au Spitzberg et à la banquise, croisière, in: *Revue générale de sciences*, 1906.

Das Wilhelm Gustloff-Fotoalbum: Taschenalbum einer Norwegenfahrt, Agentur-Neues-Denken, Bochum 2012

T. T. Eaton, *The Cruise of the Kaiserin*, Baptist Book Concern, Louisville, Kentucky, 1903.

Mabel Sarah Emery, *Norway through the Stereoscope; notes on a Journey through the Land of the Vikings*, Underwood & Underwood, New York, London 1907.

Edgar Allen Forbes, *Twice Around the World*, Fleming, H. Revell Company, London and Edinburgh 1912.

William G. Frizell und George H. Greenfield, *Around the World on the Cleveland*, 1910.

Otto Giese und James E. Wise, Jr., *Shooting the War: The Memoir and Photographs of an U-Boat Officer in World War II*, Naval Institute Press, Annapolis, 1994.

John H. Gould, *Grand Winter Cruise of Steamship »La Touraine« to the Mediterranean, the Orient, and the Holy Land*, Compagnie Générale Transatlantique French Line, Ocean Publishing Company, New York 1895.

Elias Haffter, *Briefe aus dem hohen Norden: eine Fahrt nach Spitzbergen mit dem HAPAG-Dampfer* Auguste Viktoria *im Juli 1899*, J. Huber, Frauenfeld 1900.

Henry Haguet, *Vers le Nord, croisière du Général Chanzy, en Norvège, Danemark, Suède et Russie*, Chamerot et Renouard, Paris 1896.

W. M. Hoyt, *A Cruise on the Mediterranean or Glimpses of The Old World Through the Eyes of a Business Man of the New*, Pool Bros. Printers, Chicago 1894.

Abbé Huard, *Impressions d'un passant. Amérique-Europe-Afrique*, Typ. Dussault & Proulx, Québec 1906.

Robert Urie Jacob, *A Trip to the Orient, The Story of a Mediterranean Cruise*, The John C. Winston Co., Philadelphia 1909.

Jules Leclercq, *Une croisière au Spitzberg sur un yacht polaire*, Plon, Paris 1904.

R. H. McCready et H. M. Tyndall, *Cruise of the* Celtic *Around the Mediterranean*, The Winthrop Press, New York City 1902.

William McFee, *The Gates of Carribean, The Story of a Great White Fleet Caribbean Cruise*, United Fruit Company, Steamship Service, 1922.

Paul Morand, *De Paris à Tombouctou*, Flammarion, Paris 1932.

William Munro, *A two months Cruise in the Mediterranean in the Steam-Yacht Ceylon*, Hurst and Blackett Publishers, London 1884.

James T. Nichols, *Around the World on a Floating Palace*, Nichols Books & Travel Co., University Place Station, Des Moines, Iowa, 1923.

J. C. Oehler, *A Cruise to the Orient*, Presbyterian Committee Publication, Richmond 1907.

Albert Bigelow Paine, *The Ship-Dwellers. A Story of a Happy Cruise*, Harper & Brothers Publishers, New York, London, 1910.

Eleanor Phelps, *Around the World by the* SS Laconia, 1922–1923, Book I et Book II, Digital Collections, University of South Carolina, Columbia, SC 29208. Online unter: http://digital.tcl.sc.edu/cdm/search/collection/phelps/order/title/ad/asc/cosuppress/0

Quebec Steamship Company, *Bermuda and the West Indies, Winter trips to the tropics*, Season 1907–1908, Broschüre.

Charles Rabot, *Au Cap nord: itinéraires en Norvège, Suède, Finlande*, Hachette, Paris 1898.

Fernand Robillard, *Croisière en Grèce, en Turquie, Roumanie et Crimée; conférence faite à la Société normande de géographie*, Imprimerie Cagnard, Rouen 1911.

Pierre Thoreux (commandant), *J'ai commandé »Normandie«*, Presses de la Cité, Paris 1963.

Tourist guide to the West Indies, Venezuela, Isthmus of Panama, and Bermuda, Hamburg-America Line, New York, 1909.

Evelyn Waugh, *Befremdliche Völker, seltsame Sitten. Expeditionen eines englischen Gentleman*, Die andere Bibliothek, Nördlingen 2008.

Edward S. Wilson, *An Oriental Outing: Being a Narrative of a Cruise Along the Mediterranean*, Cranston & Curts, Cincinnati, 1894.

James T. Wilson, *Our Cruise in the Mediterranean*, The Lord Baltimore Press, Baltimore, 1899.

Sonstige Veröffentlichungen

Josef Auer, Axel Schulz, *Kreuzfahrten und Schiffsverkehr im Tourismus*, Oldenbourg, München 2010

Uwe Bahn, Johannes Bohmann, *Kreuzfahrt Guide 2013: Neue Schiffe, neue Ziele, der komplette Überblick*, Bellevue and More, Hamburg 2013

Harmut Berghoff, *Enticement and Deprivation: The Regulation of Consumption in Pre-war Nazi Germany*, in *The Politics of Consumption. Material culture and citizenship in Europe and America*, Martin Daunton and Matthew Hilton, 2001.

Marie-Françoise Berneron-Couvenhes, *La croisière: du luxe au demi-luxe. Le cas des messageries maritimes (1850–1960)*, in *Entreprises et histoire*, 2007/1, S. 34–55.

John Malcolm Brinnin, *The Sway of the Grand Saloon: A Social History of the North Atlantic*, Barnes and Noble, Inc., 1971, rééd. New York, 1986.

Cruise Tourism, Current Situation and Trends, World Tourism Organization, Madrid 2010.

François Desgrandchamps et Catherine Donzel, *Cuisine à bord, les plus beaux voyages gastronomiques*, La Martinière, Paris 2011.

Catherine Donzel, *Paquebots, la vie à bord*, Solar, Paris 2005.

Sarah Gottschalk, *Mit »Kraft durch Freude« auf Reisen: Ideologie und Propaganda des nationalsozialistischen Tourismus*, Grin Verlag, München 2011.

Bernhard Huldermann, *Albert Ballin*, Cassel & Company Limited, 1922.

Sonia Kinzler, Doris Tillmann, *Nordlandreise: die Geschichte einer touristischen Entdeckung*, Mareverlag, Hamburg 2010.

Arnold Kludas, *Vergnügungsreisen zur See. Eine Geschichte der deutschen Kreuzfahrt*, Band 1: 1889–1939, Convent Verlag, Hamburg 2001.

Andreas Lukoschik, *Schläft das Personal auch an Bord? Ein Kreuzfahrt-ABC*, Kiepenheuer & Witsch, Köln 2012.

John Maxtone-Graham, *The Only Way to Cross*, MacMillan Publishing Company, New York 1972.

John Maxtone-Graham, *Liners to the Sun*, Sheridan House, Dobbs Ferry 2000.

Oliver P. Müller, Koehlers Guide *Kreuzfahrt 2013 - Kreuzfahrtträume – Schiffe, Häfen, Reisen, Termine, Reportagen, Trends, Koehler,* Hamburg 2011.

Daniel Okrent, *Last Call: The Rise and Fall of Prohibition*, Scribner Book Company, New York 2010.

Katrin Pumpa, *Urlaub und Meer: Die Kreuzfahrt im Spannungsfeld von Trendreisen und nachhaltigem Tourismus: Eine betriebswirtschaftliche Studie*, Diplomica, Hamburg 2012.

Peter Quartermaine et Bruce Peter, *Cruise: Identity, Design and Culture*, Rizzoli, Mailand 2006.

John T. Reilly, *Greetings from Spitsbergen: Tourists at the Eternal Ice 1827–1914*, Tapir Academic Press, Trondheim 2009.

Oliver Schmidt, Kurt Ulrich, *Zeit für Kreuzfahrten. Mit den schönsten Schiffen über alle Weltmeere*, Bruckmann, München 2011.

Eberhard Straub, *Albert Ballin. Der Reeder des Kaisers*, Siedler, München 2001.

David M. Williams, *Market Pressures and Innovation: The Orient Steam Navigation Co. and the Development of Pleasure Cruising, 1888–1900*, in *The Northern Mariner* 4, Oktober 2000, S. 1–12.

Bildnachweis

ABC Photo Archives: 33d.
Bjørn Hovdal / Dreamstime.com: 112–113.
Holmvyk Brygge / Wikipedia: 101.
Florence Cailly: 77.
Carnival Cruise Lines: 37o.
Costa Cruises: 38–39.
Crystal Cruise Line: 40, 42, 165.
Cunard Line: 4, 154.
Deutsche Afrika Linien Archiv (Rantzau) / Eberhard Stoetzner: 7, 54l.
Archiv Verfasser: 26u, 134o.
Ross Finlayson: 108–109.
Fred Olsen Cruise Lines: 99.
Gaja / Dreamstime.com: 102l.
R. Gino Santa Maria / Dreamstime.com: 116.
Hapag-Lloyd: 43.
Scott Henderson: 5.
Björn Larsson: 22, 23.
Library of Congress, Prints & Photographs, Washington: 16–17, 47, 58o., 59, 64, 65o., 67, 71l, 74–75, 76o, 76u, 78–79, 131, 138 (Jack Delano, 1942), 142–143, 157, 174.
Karen Majewski: 140.
May Hill Russell Library of the Monroe County Public Library System (Ida Woodward Barron Collection, History Dept.) Key West, Florida: 32.
MSC Cruises: 2–3, 68–69, 80–81, 84, 118–119.
National Library of Australia, Canberra / Hurley Negative Collection: 186–187.
New Zealand Free Lance: Photographic prints and negatives. Ref: 1/2-099964-G. Alexander Turnbull Library, Wellington, New Zealand: 153.
Norwegian Cruise Line: 136–137.
P&O: 72l.
Palto / Dreamstime.com: 96–97.
Glen Petrie: 90.
Regent Seven Seas Cruises: 1, 130.
Royal Caribbean International: 8–9, 34–35 (Craig Cameron Olsen Photo), 36, 37u (Michel Verdure), 41 (Michel Verdure).
Silversea Cruises: 184–185.
Olaf Tausch / Wikipedia: 58b.
University of California, Santa Cruz, McHenry Library, Special Collections: 73, 179.
University of South Carolina Libraries, Columbia, Digital Collections, Eleanor Phelps' World Cruise Scrapbook: 162, 178r.
Catherine Walter: 70, 177o.
Marc Walter: 53–53, 60, 82–83, 92, 100, 104–105, 107, 158–159, 180–181, 110–111, 121, 146–147, 148.
Collection Marc Walter: 6, 10, 11, 12, 13, 14, 15, 18, 19, 20, 21, 24, 25, 26r, 27, 28–29, 30, 31, 33l, 44–45, 46, 48, 49, 50, 51, 52–53, 54, 55r, 56–57, 61, 62, 63, 65u, 66, 67, 71r, 72r, 74, 76, 85, 86, 87, 88, 89, 91, 93, 94, 95, 102r, 103, 106, 112, 114, 115, 117, 119, 120, 122, 123, 124, 125, 126, 127, 128–129, 132–133, 134v, 134b, 135, 137, 139, 140, 141, 143, 144–145, 150–151, 152, 155, 156, 158–159, 160, 161, 163, 164, 166–169, 170, 171, 172–173, 174, 175, 176, 177u, 178l, 180–181, 182–183.
Malte A. Witte: 59, 98.

Dank

Der Autor dankt ganz besonders Arnold Kludas, dem ehemaligen Leiter der Bibliothek des Deutschen Schifffahrtsmuseums in Bremerhaven, einem produktiven Schifffahrtshistoriker mit dem Spezialgebiet *Geschichte der deutschen Kreuzfahrt*. Seine Werke haben dem Autor geholfen, zahlreiche Fotografien von den in diesem Buch beschriebenen Kreuzfahrten deutscher Reedereien zu identifizieren und zu datieren. Er dankt ebenfalls seiner Verlegerin Laure Lamendin für ihre kontinuierliche Unterstützung, Sabine Arqué für ihr kritisches und aufmerksames Lektorat, Florence Cailly für ihre stets sinnvollen Ratschläge, Émilie Boismoreau für ihre Aufbereitung des Layouts, Marc Walter für sein unfehlbares Auge, Philippe Rollet für seine wohlwollende Strenge in der Sache sowie Barbara Mellor.

Er dankt außerdem allen Personen, die bei der Bildbeschaffung hilfreich waren, sei es, indem sie Einblick in ihr Archiv gewährten, sei es, indem sie an der richtigen Zuordnung der Fotos mitwirkten. Das sind insbesondere: Aly Bello-Cabreriza von Carnival Cruise Lines, die Sammler Carlos Mey (*www.histarmar.com.ar*), und Björn Larsson (*www.timetableimages.com*), Malte Witte, Sammler der Hamburg Süd, und Eberhard Stötzner, Historiker der Deutschen Afrika-Linien, und Karen Majeski, Scott Henderson sowie den Mitgliedern der Community »Juifs du Maroc«, (*www.dafina.net*).

Titel der Originalausgabe: *Croisières de rêves*
Erschienen bei Éditions de La Martinière SA, Paris 2013

Produktion: Florence Caully
Lektorat: Laure Lamendin
Bildauswahl: Boris Dänzer-Kantof

Deutsche Erstausgabe

Ein Unternehmen der La Martinière Groupe

Umschlaggestaltung: Leonore Höfer
Lektorat, Satz und Herstellung: VerlagsService Dr. Helmut Neuberger
& Karl Schaumann GmbH, Heimstetten
Printed in China

ISBN 978-3-86873-645-8

www.knesebeck-verlag.de